LUIS TEICHMANN
Sind wir noch zu retten?

Luis Teichmann
mit Saskia Hirschberg

Sind wir noch zu retten?

Warum sich im Rettungsdienst zeigt,
was in unserer Gesellschaft schiefläuft

GOLDMANN

Alle Ratschläge in diesem Buch wurden vom Autor und vom Verlag sorgfältig erwogen und geprüft. Eine Garantie kann dennoch nicht übernommen werden. Eine Haftung des Autors beziehungsweise des Verlags und seiner Beauftragten für Personen-, Sach- und Vermögensschäden ist daher ausgeschlossen.

Wir haben uns bemüht, alle Rechteinhaber ausfindig zu machen, verlagsüblich zu nennen und zu honorieren. Sollte uns dies im Einzelfall aufgrund der schlechten Quellenlage bedauerlicherweise einmal nicht möglich gewesen sein, werden wir begründete Ansprüche selbstverständlich erfüllen.

Der Verlag behält sich die Verwertung der urheberrechtlich geschützten Inhalte dieses Werkes für Zwecke des Text- und Data-Minings nach § 44 b UrhG ausdrücklich vor. Jegliche unbefugte Nutzung ist hiermit ausgeschlossen.

Penguin Random House Verlagsgruppe FSC® N001967

1. Auflage
Originalausgabe September 2024
Copyright © 2024: Wilhelm Goldmann Verlag, München,
in der Penguin Random House Verlagsgruppe GmbH,
Neumarkter Str. 28, 81673 München
Redaktion: Antje Steinhäuser
Umschlag: Uno Werbeagentur, München
Umschlagmotiv: © privat
Satz: Satzwerk Huber, Germering
Druck und Bindung: GGP Media GmbH, Pößneck
Printed in Germany
AR · CB
ISBN 978-3-442-14314-6

www.goldmann-verlag.de

Inhalt

Ein paar Worte vorab 9

Ich sehe was, was du nicht siehst 13
Der Halbkopfmensch 13
Einer gegen alle und alle für einen 17
Hinter jeder Tür ein Patient im Goldweg 42 21
Einmal Entzugsklinik und zurück, bitte! 26
Taxifahrer in Uniform 28
Goldweg hoch zwei 30
Verändere ich eigentlich etwas? 32
Elendspyramide 35

Fernab von Recht und Ordnung 37
Eine Psychose kommt selten allein 40
(K)einsatz 43
Mit Händen und Füßen 45
Pulverfass Sprachbarriere – kulturelle Unterschiede
verstehen 48
Andere Viertel, andere Sitten? 56
Klagen als Stressregulator 58
Schuld ist nicht das Exponat! 64
Alles eine Frage der Einstellung? 65

Welcher Retter bin ich? 73
Immer schön cool bleiben 75
Die Empathie-Überdosis 76
Reden ist Silber 78
Typ Dampfwalze 80
Geheimrezepte gegen traumatische Erlebnisse? 82
    Der Tag, an dem der Sommer starb 84
Ruhephasen und Reflexion 96

Wie gut kennen Sie Ihre Nachbarn? 99
Sei schlau, mach's mit! 100
Überalterung und Vereinsamung 102
Unsichtbares Leid 104
Einsam zweisam 108
Aus den Augen, aus dem Sinn 111
Wenig gerettet, viel geholfen 114
Wo die Liebe hinfällt 117

Psychoterror nicht »nur« für die Patienten 125
Wenn die Sucht die Familie tyrannisiert 126
Wenn Kinder Verantwortung für die Eltern
    übernehmen 130
Traurige Kollateralschäden 133
Freiheitsentziehende Unterbringung 138
Ein kleines Licht sorgt für großen Aufruhr 140
Mit aller Gewalt 142
Geschmeidige Patienten, bockige Kollegen 145
Max, don't have sex with your 147

Spieglein, Spieglein an der Wand, wer ist der
Mächtigste im ganzen Land? 155
Alles hört auf mein Kommando! 158
Rette sich, wer kann! 172
Brüllaffen in Uniform 177

Happy End à la Hollywood 181
Im Zweifel fürs Leben 184
»Alles gewünscht« 189
Haben Sie schon einen Notfallpass? 192
Digitale Notfallpässe – kleine Retter in der Not 193
Schnell, einfach, sicher 194
Glück im Unglück 195

Was bleibt am Ende des Lebens? 199

Danksagung 203
Hilfsangebote und Anlaufstellen 204
Quellenangaben 205

Dieses Buch enthält möglicherweise triggernde Inhalte zu den Themen Alkoholabhängigkeit, Drogenmissbrauch, Obdachlosigkeit, plötzlicher Kindstod, Psychosen, psychische Krankheiten und Verwahrlosung.

Ein paar Worte vorab

Ein zweites Buch? Ja und nein. Denn irgendwie ist auch dieses Buch wieder ein erstes. *Einsatz am Limit* ist vor allem eine Systemkritik, die Schwachstellen im Rettungsdienst aus meiner Sicht zusammenfasst. Ich habe mir alles von der Seele geschrieben, was sich in zehn Jahren meiner Berufslaufbahn angestaut hat, habe meinem Frust Luft gemacht, aber auch Lösungen präsentiert. Und tatsächlich: Viele Grundgedanken meiner Lösungsansätze finden sich in aktuellen Reformvorschlägen und Diskussionen wieder.

Zwar möchte ich mir nicht anmaßen, dass ich dafür die nötigen Denkanstöße geliefert habe, aber diese Beobachtungen freuen mich natürlich und zeigen mir, dass ich nicht ganz fernab des Möglichen gedacht habe.

Was gibt es also jetzt noch zu sagen?

Nachdem ich *Einsatz am Limit* beendet hatte, hätte ich nicht gedacht, dass ich ein weiteres Buch schreiben würde. Ich dachte, es sei alles ausgesprochen, und doch lesen Sie nun diese Zeilen. *Sind wir noch zu retten?* ist allerdings kein zweiter Teil, keine Fortsetzung. Sie müssen mein erstes Buch nicht gelesen haben, um hier den Anschluss zu finden. Alles, was Sie tun müssen, ist einsteigen. Klettern Sie zu mir in den Rettungswagen und begleiten Sie mich. Ich möchte Sie auf meine Einsätze mitnehmen, gemeinsam mit Ihnen über den Tellerrand schauen und fragen: Warum verschließen wir tagtäglich unsere Augen, wenn wir durch die sogenannten sozialschwachen Viertel deutscher Großstädte pendeln? Womit haben wir es in Brennpunktvierteln zu tun und erst recht die Menschen, die dort leben? Nach dem Lesen dieses Buches werden Sie vermutlich etwas genauer hinsehen und vielleicht kann sich so etwas ändern.

Alles, was Sie auf den nächsten Seiten erfahren werden, hat sich überwiegend in ein und demselben Wachgebiet abgespielt, in dem ich jahrelang im Einsatz war. Ein Wachgebiet am Rand der Stadt und irgendwie auch am Rand der Gesellschaft, weit entfernt vom Zentrum und doch mitten unter uns.

Und ich versichere Ihnen: Jede Großstadt hat genau so einen Stadtteil. Nennen wir ihn Harlem. Harlem besteht fast ausschließlich aus alten, heruntergekommenen Mehrfamilienhäusern. Der Putz bröckelt von den Fassaden ab und im Kern des Viertels wohnen 6 000 Menschen auf einem Quadratkilometer. Das entspricht etwa dem 25-fachen Wert des Bundesdurchschnitts.

Jeder Millimeter scheint grau und zugebaut. Das Sonnenlicht findet nur selten seinen Weg durch die Häuserschluchten. Die Nacht ist hier der Tag, und sie ist nicht geprägt von zwitschernden Vögeln oder Stille, sondern von Lärm. Quietschende Güterzüge wechseln sich mit dröhnenden Turbinen von Flugzeugen im Landeanflug ab. Aufheulende Motoren und gelegentliches Rufen und Schreien bilden den Klang in der Dunkelheit.

Und was darf natürlich nicht fehlen? Das Tönen unseres Martinhorns. Umleitungen aufgrund von Baustellen halten die Einsatzfahrzeuge hier kaum auf, denn es fließen keine monetären Mittel in die Instandhaltung öffentlicher Straßen und Wege. Die einzigen Baustellen, die ich während meiner Einsatzzeit in Harlem fand, waren unter Bahnbrücken, an Straßenbahngleisen oder Autobahnauffahrten. Also immer an den Stellen, an denen die Stadt finanziell nicht zuständig ist. Der Umstand, dass die Stadt nicht in die Infrastruktur in diesem Viertel investiert, führt zu Straßen, die übersät sind mit Schlaglöchern, in denen sich infolge eines Regenschauers riesige Pfützen bilden. Es gibt Wege, die dermaßen schlecht sind, dass wir sie als »Traumastraßen« bezeichnen. Jede knöcherne Verletzung, die ein Patient erleidet, wird nach einer Fahrt über so eine »Buckelpiste« definitiv schmerzhafter. Einsätze in solchen Gebieten gelten in der Regel als ungewöhnlich, wenn man es mit einem »normalen« Patienten zu tun hat. Also einem Patienten mit gepflegtem Erscheinungsbild, einer aufgeräumten Wohnung und geordneten Gedankengängen.

Was ich in dem Zusammenhang direkt klarstellen möchte: Wenn Sie in diesem Buch von Patienten und meinen Einschätzungen lesen, dann ist es lediglich eine Beschreibung des Ist-Zustands und niemals eine Bewertung. Der Patient wird uns anvertraut und genießt an erster Stelle immer unsere volle Zuwendung. Der Vorwurf gilt dem System, das es zulässt, dass sich in unserem Land so viel Leid und Elend anhäufen kann – in einem Land, das so weit entwickelt ist.

Zwischenzeitlich habe ich mich immer wieder gefragt: Wenn man in diesem Viertel zu lange wohnt, kann man dann eigentlich gesund bleiben? Harlem zehrt an seinen Bewohnern ebenso wie an seinen Rettern. Eine hohe Krankheitsquote und Niedergeschlagenheit prägen den Wachalltag. Direkte Vorgesetzte verirren sich nur selten auf die Wache. Schon manchen Kollegen hat dieses Einsatzgebiet gebrochen, und auch ich habe gemerkt, wie schwer es mir gefallen ist, psychisch im Gleichgewicht zu bleiben. Deshalb habe ich den Bezirk irgendwann gewechselt. Ein Kollege aus meinem ehemaligen Team sagte einmal: »Sogar Batman würde sich von hier verziehen.«

Für das aktuelle politische Tagesgeschehen wurde man absolut unempfänglich. Wenn man am Rand mitbekam, dass über

Tempolimits, das generische Maskulinum oder die Übersignalisierung an Einsatzfahrzeugen hochtrabend diskutiert wurde, dachte man sich: Bevor wir funktionierende Systeme optimieren, können wir erst einmal die zum Laufen bringen, die es viel nötiger haben? Können wir auf unserem Weg in eine verbesserte Zukunft vielleicht kurz stehen bleiben, uns umdrehen und die Menschen abholen, die völlig auf der Strecke geblieben sind und aus eigener Kraft nicht mehr den Anschluss finden? Um dafür die Weichen zu stellen, bin ich unter anderem absoluter Befürworter eines Pflichtjahres in sozialen Berufen, damit mehr Menschen bewusst wird, welche Probleme außerhalb der eigenen Bubble existieren. Denn wir im Rettungsdienst sind die Einzigen, die nahezu überall uneingeschränkten Zugang erhalten und den Ist-Zustand des Landes regelmäßig vorgeführt bekommen.

Und deshalb gibt es auch dieses zweite Buch. Ich hoffe, mit meinen Schilderungen etwas verändern zu können. Darum nehme ich Sie nun mit in den alltäglichen Wahnsinn: nach Harlem.

Ich sehe was, was du nicht siehst

Der Halbkopfmensch

In jeder Großstadt gibt es Straßen, Plätze, ja, ganze Viertel, in denen einen schon untertags ein unangenehmes Gefühl beschleicht, und spätestens bei Einbruch der Dunkelheit würde man keinen Fuß mehr an diese Orte setzen. In Frankfurt am Main und ebenfalls in Hamburg wäre das wahrscheinlich das Bahnhofsviertel mit seinen zahlreichen Drogenjunkies, die sich ungeniert einen Schuss am helllichten Tag auf dem Bürgersteig setzen, und in Berlin wahrscheinlich Neukölln. Auch in »unserem Harlem« gibt es diesen Ort. Nennen wir ihn Adenauerplatz, weil es fast in jeder Stadt einen Adenauerplatz oder eine Adenauerstraße gibt. Hier kommt der öffentliche Nahverkehr zusammen, mitten im Zentrum. Die Stadtplanung hat für Sitzmöglichkeiten gesorgt, damit soziales Leben stattfinden kann. Treppenstufen säumen, an ein Kolosseum erinnernd, die freien Flächen zwischen Bahnstationen und Bushaltestellen, in einem Café können Pendler, Schüler und Touristen ein Croissant und einen Latte genießen. So die schöne Theorie. Doch in der Praxis hält sich hier kein Passant länger als nötig auf. Die einzigen Menschen, die auf den Treppenstufen verweilen und die vielen Stunden des Tages, in denen sie nichts zu tun haben, in Alkohol ertränken, sind Süchtige, Wohnungslose und Kriminelle, die unseren einst so beschaulich angedachten Adenauerplatz zu einem üppigen Potpourri aus Drogen, Alkohol, Arbeits- und Obdachlosigkeit, Banden- und Beschaffungskriminalität machen. Während meiner Zeit in diesem Einsatzgebiet wurde durchschnittlich vier bis fünf Mal innerhalb von 24 Stunden ein Rettungswagen zum Adenauerplatz gerufen, der wie bereits erwähnt dafür bekannt war, dass sich dort besonders viele intoxikierte Personen ohne festen Wohnsitz aufhielten. Meistens waren wir demnach wegen Alkoholvergiftungen im Einsatz oder weil es in Streitsituationen zwischen zwei Personen zu Körperverletzungen oder schlichtweg zu Unfällen im Rauschzustand gekommen war. Am häufigsten jedoch fuhren wir wegen ein und derselben Person zum Adenauerplatz: Niemand wusste genau, woher er kam, eines Tages lag er einfach da, betrunken mitten auf dem Asphalt, und sein Kopf war nicht symmetrisch, sondern auf der linken Seite massiv eingedellt, nahezu in sich zusammengefallen. Diese Art der Deformierung kommt zumeist infolge einer starken Gewalteinwirkung auf den Schädel zustande, oft auch als Konsequenz einer Operation. Der Patient, der uns mehrfach am Tag in Atem hielt, war außerdem auf Krücken unterwegs, seine Kleidung war schmutzig und zerfleddert vom dauerhaften Tragen, er roch nach altem Schweiß und Urin, sein Gebiss war von Zahnlücken geprägt und er hatte augenscheinlich nicht »nur« ein Alkohol-, sondern auch ein Drogenproblem. Immerzu torkelte er so stark hin und her, dass man als Beobachter jederzeit mit einem Sturz rechnete. Mehrmals täglich lasen wir ihn völlig berauscht von der Straße auf und brachten ihn ins zuständige Krankenhaus. Doch es dauerte nie allzu lange, da war er wieder einigermaßen gang- und standfest, wurde entlassen, trank erneut, und wir fanden ihn nur Stunden später im selben Zustand wie zuvor wieder. Manche Kollegen setzten ihn irgendwann tatsächlich schon in Krankenhäusern ab, die so weit wie möglich von Harlem entfernt lagen, in der Hoffnung, es würden wenigstens ein paar Schichten vergehen, bis er den Weg zurück finden würde. Aber ganz egal, wie oft wir ihn wegbrachten oder gar wie weit: Er lag jeden Tag aufs Neue auf den Treppenstufen am Adenauerplatz, vollgepumpt bis unter den Haaransatz, eingenässt und in seinem eigenen Erbrochenen. Dieses Spiel wiederholte sich unablässig, nichts und niemand konnte diesen Kreislauf stoppen. Keine Instanz fühlte sich verantwortlich und de facto war auf lange Sicht auch niemand für ihn verantwortlich. Außer er selbst. Ein Suchtkranker, der jedoch zu nichts mehr in der Lage war, als sich den nächsten Rausch zu verschaffen. Entzugskliniken, Einweisungen – alles Fehlanzeige, ganz gleich, wie viele Sozialmeldungen rausgingen. Denn es gibt nicht so etwas wie ein integriertes Notfallzentrum für solche Fälle. Wenn wir einen Suchtpatienten in einer Notaufnahme abliefern, wird er nach seiner Ausnüchterung nicht automatisch in eine Suchtambulanz überstellt, um einen Entzug zu machen. Dieser Schritt muss in unserem Gesundheitssystem separat gegangen werden. Der Patient sollte aus freien Stücken, und im Idealfall nüchtern, in einer entsprechenden Einrichtung für Suchtpatienten vorstellig werden und dann auch langfristig das Durchhaltevermögen aufbringen, an sich zu arbeiten. Solange in unserem System die Zahnräder in dieser Hinsicht nicht ineinandergreifen, kann und wird sich nichts ändern. Und selbstverständlich ist die Rückfallquote hoch.

Und so fuhren wir diesen Mann monatelang durch die Gegend, bis wir ihn eines Tages blutüberströmt am Boden vorfanden. Erneut stark alkoholisiert und gestürzt, hatte sich »der

Halbkopfmensch«, wie ihn ein Kollege nannte, auch noch die verbliebene gesunde Kopfhälfte eingeschlagen ...

Wenn man so etwas sieht, und ich möchte betonen, dass die meisten von uns wirklich einiges gesehen haben, dann fragt man sich schon: Was haben wir eigentlich in den letzten Wochen und Monaten erreicht? Tagtäglich versuchen wir, diesen Mensch vor sich selbst zu retten, doch am Ende sind der Suchtkreislauf und das Elend mächtiger. Ich möchte nicht so weit gehen, zu behaupten, dass einen solche Bilder und Einsätze traumatisieren, aber sie machen definitiv etwas mit einem Menschen. Man fühlt sich ein bisschen wie die Stadtreinigung, als wäre man dazu da, alles wegzukehren, was das saubere Stadtbild verschmutzt. Räumt sie weg, die verwahrlosten Menschen! Die unmöglichen Zustände, die Drogen und den Alkohol! Die Verrückten und die Psychopathen! Ich spreche gerade sehr überspitzt, das ist mir klar, ich möchte aber betonen, dass dieser Vergleich auf keinen Fall bestimmte Personengruppen diskriminieren oder verhöhnen soll. Es geht mir mehr darum, hervorzuheben, wie sehr es einen manchmal am Verstand der Gesellschaft und am ganzen System zweifeln lässt, wenn wir, der Rettungsdienst, ausgebildet für den Fachbereich Notfallmedizin, durch unsere Maßnahmen nicht den geringsten positiven Einfluss auf den Verlauf der Patientengeschichte nehmen. Und nicht nur das, wir wenden in solchen Einsätzen keinen einzigen erlernten Handgriff und keine erlernte Maßnahme an. Wir räumen lediglich das Elend von A nach B.

Einer gegen alle und alle für einen

Wir befinden uns immer noch auf dem Adenauerplatz: grauer Beton, umrandet von Treppenstufen. Wir wurden zu einem Einsatz in der Zwischenebene der angrenzenden U-Bahn-Station gerufen und so fuhren wir auf unserer gewohnten Route mit heulendem Martinhorn ein. Es war relativ früh am Morgen und das feuchtfröhliche Trinken hatte gerade erst begonnen. So mancher uns Bekannter hob zum Gruß die Flasche, darunter auch unser alter Freund, der Halbkopfmensch, der sich gerade noch mitten im Prozess befand, später am Tag der Grund für den nächsten Notruf zu werden. Im Prinzip konnte man schon um diese Tageszeit seine Patienten vom Nachmittag ausmachen.

Man muss dazu sagen, dass Einsätze in der Zwischenebene einer U-Bahn-Station immer besonders unbeliebt sind, denn es ist meist eine große Herausforderung, den Patienten in den ewigen Weiten der U-Bahn-Schächte überhaupt zu finden. Dazu kommt, dass man den Rettungswagen nicht in unmittelbare Nähe des Einsatzorts bringen kann. Auf diesen Einsätzen weiß man nie, was einen erwartet, und bereits auf dem Weg dorthin schießen einem verschiedene Szenarien durch den Kopf: Ist der Patient mit viel Glück vielleicht noch gang- und standfest genug, um aus eigener Kraft mit uns zum Einsatzfahrzeug zu gelangen? Ist er so weggetreten, dass wir ihn über mehrere Etagen hinausschleppen müssen? Ist er verletzt? Betrunken? Was ist überhaupt passiert? Manchmal kam es durchaus auch vor, dass wir eintrafen und die Person plötzlich schon weg war. Wie von Zauberhand genesen, eigenständig mit der nächsten Bahn davongerauscht.

Die einzige Information, die wir zu dem aktuellen Einsatz bekommen hatten, lautete: hilflose Person. Wir schleppten also unser Material diverse Stockwerke unter die Erde und erreichten über die Rolltreppen einen Bahnsteig. Mitten auf der Plattform lag eine Person, die wir schon von Weitem identifizieren konnten als männlich, augenscheinlich wohnungslos. Daneben stand ein Einkaufswagen, randvoll mit Decken und Tüchern. Mit jedem Schritt, den wir uns ihm näherten, erkannten wir die bittere Realität deutlicher: Das würde keine einfache und schnelle Nummer werden! Der Patient war völlig verwahrlost, abgemagert und von der Schuhsohle bis zur Haarspitze mit Kot übersät. Um seinen Körper hatte er diverse Decken gewickelt, die ebenfalls in Kot und Urin getränkt waren. Spritzen und sonstiges Zubehör, um sich einen Schuss zu setzen, lagen um ihn herum verteilt und waren offenbar zuvor erfolgreich zum Einsatz gekommen, denn der Patient war tief bewusstlos. Um zunächst andere Gründe für seinen Zustand ausschließen zu können, mussten wir ihn etwas genauer betrachten und dafür die Decken entfernen, die uns jegliche Einsicht auf mögliche sichtbare Verletzungen nahmen. Da sogar sein Gesicht kotverschmiert war und wir zudem nässende und übel riechende offene Wunden an Armen und Beinen feststellten, zogen wir uns zuallererst einmal unsere Infektionsschutzanzüge über. Der Patient war vollkommen zentralisiert, das bedeutet, seine Venen nahezu blutleer, weil sich die Konzentration des Blutvolumens auf die großen Gefäße wie das Herz verteilt hatte, um sein Überleben zu sichern. Damit war es für uns absolut unmöglich, ihm intravenös Medikamente zu verabreichen, da die Venen schlicht nicht zu finden waren. Mein Kollege fasste diesen optischen Eindruck später mit den Worten zusammen: »Er sah aus wie eine Leiche. Hätten wir einfach einen Totenschein ausgestellt, hätte dies vermutlich niemand angezweifelt.«

Der Patient war aber nicht wirklich tot, und somit versuchten wir, ihn auf anderem Wege zu antagonisieren, sprich, über ein Medikament, das wir in seinen Muskel spritzten, die Wirkung von Opiaten wie Heroin aufzuheben. Ohne Erfolg. Der Patient war nach wie vor tief bewusstlos und wir saßen mit ihm im Trubel des Pendlerverkehrs fest. Rechts und links rauschten die U-Bahnen an uns vorbei und die Situation war auf dem Bahnsteig nicht in den Griff zu kriegen. Über die Aufzüge und mithilfe der Trage transportierten wir ihn schließlich ins Einsatzfahrzeug, von wo aus wir einen Notarzt nachalarmierten, weil wir mit unseren nach Standardarbeitsanweisung freigegebenen Maßnahmen am Ende unserer Möglichkeiten waren und ganz klar mehr Manpower und weitere Medikamente vor Ort benötigten.

Als der Notarzt kam, rollte er mit den Augen. Es war keine Verachtung, sondern er sah einfach nur auf den ersten Blick, dass alles, was wir jetzt taten, eine Halbwertszeit von maximal zwei Tagen haben würde. Dann würden wir den Menschen wahrscheinlich erneut in diesem Zustand auflesen.

Da unsere erste Antagonisierung ohne Erfolg geblieben war, entschied der Notarzt sich für die Gabe eines zweiten Medikaments, das die Wirkung von Benzodiazepinen (Beruhigungsmitteln) vollständig oder teilweise aufheben kann.

Auch diese Maßnahme blieb ohne Erfolg.

Bis zu diesem Zeitpunkt war aufgrund der Umstände von unserer Seite ehrlicherweise noch keine adäquate Diagnostik gelaufen, weshalb wir erst jetzt die wenigen Messwerte erhoben, die wir überhaupt nehmen konnten. Neben einem nach unten entgleisten Blutdruck stellten wir einen sehr niedrigen Blutzuckerspiegel fest. Letzteres ist durch die Gabe von Zucker sehr leicht zu therapieren, sodass der Patient unmittelbar nach der Zufuhr wieder aufklart. Der Venenstatus des Patienten war allerdings nach wie vor so schlecht, dass es sich immer noch unmöglich darstellte, eine Nadel fachgerecht einzuführen. Deshalb blieb uns nur eine Option: der intraossäre Zugang. Dafür wird eine Kanüle in die Markhöhle des Knochens gelegt, den man unterhalb der Kniescheibe am oberen Ende des Schienbeins ertasten kann. Klingt höchst unangenehm? Ja, es geht das Gerücht um, dass dieses »Bohren in den Knochen« sehr schmerzbehaftet sei. Tatsächlich entsteht der Schmerz allerdings durch »Anspülen« des Zugangs, also wenn die Kochsalzlösung einfließt, um »den Weg freizuräumen«. Es gäbe noch die Möglichkeit, ein Medikament als lokale Betäubung vorweg einzusetzen, aber auch dieses drückt sich natürlich erst einmal den Weg frei und das läuft somit nicht unbemerkt ab. Darum legt man bei wachen Patienten einen intraossären Zugang nur als allerletzte Möglichkeit.

Schlussendlich lag irgendwann dieser Zugang, und wir gaben den Zucker, in der Hoffnung, dass der Patient nun endlich aufwachen würde. Doch wieder passierte nichts und wir waren so langsam mit unserem Latein am Ende. Alles, was wir mit den uns zur Verfügung stehenden Mitteln hätten tun können, war ausgeschöpft, also blieb uns keine andere Wahl, als ihn auf einer Intensivstation anzumelden.

Da Intensivbetten ohnehin knapp sind, sprachen die Blicke der Mediziner vor Ort natürlich Bände: Jetzt belagert dieser Patient einen Platz, wird einmal gänzlich auf links gedreht, und vermutlich dauert es nicht lange, bis wir ihn wiedersehen ...

Übrigens: Was die Pfleger leisten, die einen Patienten waschen, der übersät mit Dreck und verkrustetem Kot eingeliefert wird, verdient die größte Hochachtung. Die Gerüche und den Anblick von aufgeweichten Exkrementen will ich mir nicht mal ausmalen.

Wenn man die Klinik verlässt und schließlich wieder unten in der Fahrzeughalle steht, um die Verbrauchsmaterialien zu richten, kommt man sich vor wie ein Kanalarbeiter, der in die Kanalisation abgestiegen war und von oben bis unten eingesaut wieder herausgekommen ist. Das mag unsensibel klingen, aber so ist es leider. Wir hatten diesen Patienten aus einem U-Bahn-Schacht geborgen und auf eine Intensivstation gebracht, und mindestens zehn Menschen kümmerten sich insgesamt darum, dass er das Krankenhaus bald wieder laufend verlassen konnte. Dabei ist allen Beteiligten klar: Wir werden sein Leben nicht ändern, er selbst wird sein Leben so gut wie sicher nicht ändern und man wird ihn bald wieder in Harlem finden. Nach einer gewissen Zeit fühlt man sich wie in einem Hamsterrad, das sich immer weiterdreht und aus dem man einfach nicht aussteigen kann.

Wofür tun wir das denn eigentlich? Interessiert überhaupt jemanden, was wir hier gemacht haben? Hat unsere Arbeit irgendeinen tieferen Sinn?

Hinter jeder Tür ein Patient im Goldweg 42

Ein großes Problem in Harlem ist der Alkohol. Viele Patienten sind ihm verfallen, und in der Regel kommt der Rettungsdienst dann ins Spiel, weil er a) wegen einer Überdosis Drogen gerufen wird, b) mal wieder einer der Suchtpatienten denkt: Heute ist der Tag, einen Entzug anzutreten und endlich das Leben auf die Kette zu kriegen, oder c) sich die ersten – meist eine Folge aus b – Entzugserscheinungen zeigen. Ob a, b oder c, eins ist sicher: Hinter jeder Tür wartet ein Patient, wenn der Melder geht und es heißt: Einsatz im Goldweg 42. In dem fünfstöckigen Wohnblock mit Sozialwohnungen liegen aufgeplatzte Müllsäcke achtlos in die Ecken im Treppenhaus geworfen, die Flure sind ein Fleckenteppich aus Schimmel und Urinrändern, Feuchtigkeit dringt durch die Wände.

Wo sind wir denn hier gelandet?, fragte ich mich bei meinem ersten Einsatz unter dieser Adresse, daran erinnere ich mich noch ganz genau. Uns war eine Alkoholintoxikation in der dritten Etage gemeldet worden, und weil sämtliche Klingelschilder unleserlich per Hand geschrieben oder gar nicht erst vorhanden waren, drückten wir alle Klingelknöpfe einmal durch, um überhaupt ins Haus zu gelangen. Dann ging die Suche los. Im dritten Stock flackerte kaltes Neonlicht wie in einem schlechten Horrorfilm, und sämtliche Wohnungstüren, die den Flur säumten, hingen derart locker in ihren Scharnieren, dass ein Windstoß gereicht hätte, um diese zu öffnen. »Hallo?«, riefen wir immer wieder durch den Flur, bis wir glaubten, hinter einer zur Hälfte zerstörten Holztür unseren Patienten gefunden zu haben. Schon vom Gang aus konnten wir in die abgedunkelte Einzimmerwohnung blicken, in der nicht viel mehr als ein Bett stand. Bäuchlings daneben lag ein Mensch inmitten von Müllresten und leeren Wodkaflaschen sowie Spuren eines Pulvers, das ich nur mutmaßlich als Koks identifizieren konnte. Seine Kleidung musste er seit Wochen am Körper getragen haben, denn sie war an Knien und Ellbogen durchgescheuert und roch nach Fäkalien. Mein Kollege sprach den Patienten an: »Hallo?« Vorsichtig, aber bestimmt berührte er dessen Schulter.

»Nein, lassen Sie mich!«, stöhnte der Mann. Zeitgleich kam von draußen ein Herr hereingestürzt: »Was machen Sie hier? Das ist die falsche Wohnung!«

»Haben Sie uns gerufen?«, fragte ich ihn überrascht.

»Ja«, schrie er ganz aufgeregt. »Wir sind da hinten! Kommen Sie!«

»Okay, und was ist mit ihm hier?«, wollte ich wissen.

»Ach, der hat sich gerade einen Schuss gesetzt, den können Sie liegen lassen, das ist normal bei dem.«

Ich war völlig perplex, dachte, wir müssen ihm doch irgendwie helfen, aber mein Kollege, der schon mehr Erfahrung hatte, meinte nur kurz und knapp: »Alles klar, wo müssen wir also hin?«

Fassungslos notierte ich trotzdem die Nummer der Wohnung, damit ich später eine Meldung an den Sozialpsychiatrischen Dienst[1] schreiben konnte.

Als wir endlich die richtige Wohnung erreichten, stellte mein Kollege fest: »Hier war ich auch schon. Du wirst sehen, es ist genau das Gleiche wie in der Wohnung eben. In diesem Haus ist es ganz egal, wo man anklopft, hinter jeder Tür findet man einen Patienten.«

Und er hatte recht: Im Grunde erwartete uns ein ähnlicher Anblick wie nur wenige Minuten zuvor. Auch hier lag ein deutlich alkoholisierter, schnarchender Mann auf dem Fußboden.

»Er hat ein bisschen was intus«, erklärte uns der Herr, der uns gerufen hatte. »Aber jetzt möchte mein Kumpel einen Entzug machen und dafür gerne in die Suchtambulanz gefahren werden.«

»So nimmt ihn die Suchtambulanz nicht auf…«, informierte mein Kollege den Herrn. »… nicht, wenn dein Kumpel nicht

---

[1] Der Sozialpsychiatrische Dienst berät Menschen mit psychischen Erkrankungen und Behinderungen kostenlos und wohnortnah. Er unterstützt die soziale Rehabilitation und die Teilhabe am gesellschaftlichen Leben.

mehr geradeaus laufen kann.« Dann wandte sich mein Kollege an mich: »Für uns ist das nichts! Wir gehen!«

»Wie, wir gehen? Wir lassen ihn einfach hier liegen? Das geht doch nicht!«

»Aber wir können nichts für ihn tun«, antwortete mein Kollege. »Er ist kein Fall für die Notaufnahme, ihn dorthin zu bringen, ist nicht medizinisch indiziert und eine Entzugsklinik wird ihn in diesem Zustand nicht annehmen. Der Patient muss ausnüchtern und sich eigenständig in der Suchtambulanz vorstellen.«

Ich sollte also tatsächlich einfach gehen, nachdem ich in all diese Schicksale praktisch nur flüchtig hineingespickt hatte, und alles genau so lassen, wie es war? In diesem katastrophalen Zustand?

»Dann schreibe ich wenigstens zum ersten Mann, den wir gefunden haben, noch eine Meldung an den Sozialpsychiatrischen Dienst«, sagte ich später zu meinem Kollegen, als wir wieder unseren Rettungswagen bestiegen, weil ich das Gefühl hatte, irgendetwas tun zu müssen, aber er entgegnete nur: »Bringt eh nix.«

An diesem Tag konnte ich es nicht glauben, es einfach so hinnehmen zu sollen, dass ganze Wohnblöcke existieren, in denen von morgens bis abends Drogen und Alkohol konsumiert werden. Es hinnehmen zu sollen, dass man diesen Menschen scheinbar nicht helfen kann und sie in heruntergekommene Wohnviertel pfercht wie Vieh in Massentierhaltung. Es widerte mich an und ich wollte nicht glauben, dass alles verloren sein sollte. Ich wollte daran glauben, dass ich noch etwas retten konnte. Und so schrieb ich die Meldung an den Sozialpsychiatrischen Dienst, in der Hoffnung, dass dieser Kontakt mit dem Patienten aufnehmen würde. Doch nichts passierte. Genau, wie mein Kollege es prophezeit hatte.

Acht Wochen später berichteten andere Kollegen bei einer Schichtübergabe schließlich von einem Einsatz im Goldweg 42 in einer Wohnung, an der die halbe Tür fehlte: Jegliche Hilfe kam zu spät.

Stefan, 49 Jahre alt, 18 Jahre in Harlem als Rettungsdienstler gefahren, bevor er nach einem Burn-out in die Notaufnahme gewechselt ist:

Goldweg 42? Ja, was soll ich dazu sagen? Dieses Haus ist von oben bis unten voll mit Menschen, die Drogen- und/oder Alkoholprobleme haben. Im gesamten ersten OG haben die Wohnungen keine Türen mehr – aber dafür liegen in der Wohnung jeweils sechs eingetretene …

Du weißt es ja selbst, man holt immer wieder dieselben Bewohner raus und dreht sich im ewigen Kreisel, auf der Suche nach dem Ursprung. Sind diese Schicksale individuell verschuldet oder von der Gesellschaft gefördert? Es ist eine Kombination aus beidem, und man kann meistens nicht genau ausmachen, was zuerst da war. Dieses Sichabarbeiten an Zuständen, die sich einfach nie verbessern, hat mich ausgebrannt. Es sind viele Dinge, die dort zusammenkommen. Ein Sumpf aus Alkohol und Drogen, Gewaltverbrechen, derer wir Augenzeugen werden oder in die wir hineingeraten. Dazu erzähle ich später noch mehr. Zunächst möchte ich etwas zu dem Phänomen »Taxifahrer in Uniform« loswerden: In den 18 Jahren als Rettungsdienstler habe ich beobachten können, wie die Erwartungshaltung der Menschen völlig ausgeufert ist. Ich erinnere mich gut daran, dass ich früher sehr oft zu Patienten gesagt habe: »Mein Gott, hätten Sie besser mal ein bisschen früher angerufen!« Die meisten Patienten warteten, bis es kurz vor zwölf war. Heute ist das genau umgekehrt: »Ich hab Schnupfen, rette mein Leben!« Diese Entwicklung habe ich als sehr negativ erlebt, und woran das liegt, kann ich nur vermuten. Ich denke, dieses Phänomen, dass man 24/7 alles bekommt, und zwar in kürzester Zeit, wirkt sich auch negativ auf unsere Branche aus. In unserer hoch technologisierten Gesellschaft hat jeder das gesamte Wissen der Welt in seiner Hosentasche auf dem Handy, eigenes Denken und Handeln wird uns konsequent abtrainiert und führt in meinen Augen zu einer Art Lebensunfähigkeit und Hilflosigkeit in den simpelsten Situationen – eben auch, wenn uns bloß ein Schnupfen quält. Statt zum Arzt zu gehen, wählt man dann lieber den bequemeren Weg – Hausbesuch vom Rettungsdienst per Anruf. Dafür muss man sich nicht bewegen und sich nicht in überfüllte Wartezimmer setzen. Sondern lässt sich gemütlich von zu Hause aus behandeln – so, wie man heute eben alles vom Sofa aus abwickelt, bestellt und vor die Haustür geliefert bekommt.

Einmal Entzugsklinik und zurück, bitte!

Heute erkenne ich, wie naiv ich in meinen Anfängen in Harlem war, als ich glaubte, ich oder wir könnten die Welt verbessern. Nicht in Harlem und schon gar nicht im Goldweg. Nicht einmal dann, wenn die Patienten noch fähig sind, auf ihren eigenen Beinen zu stehen, und den Rettungsdienst draußen vor dem Haus in Empfang nehmen. Im Goldweg 42 gibt es nämlich eine Art »Gentlemen's Agreement«, das besagt, einen Besuch von Uniformträgern innerhalb des Hauses zu vermeiden, damit jeder ungestört seinen »Geschäften« nachgehen kann.

»Sie müssen mich in die Klinik bringen!«, waren nicht selten die Worte, mit denen ich während meiner Einsatzzeit in diesem Wachgebiet noch vor der Haustür abgefangen wurde. Mal ganz abgesehen davon, dass der Rettungsdienst kein Taxiunternehmen ist und ich auch kein ausgebildeter Suchtberater bin, habe ich mich anfangs wieder und wieder in ellenlange Gespräche verwickeln lassen. »Dieses Mal will ich wirklich aufhören! Ich werde mein Leben auf die Reihe kriegen! Ich will einen Entzug machen, für meine Kinder, für eine bessere Zukunft!« Für Hund, für Katz, für Maus; leere Worte. Nicht für den Moment natürlich. In den Momenten, in denen die Entzugserscheinungen kicken, wollen die Patienten das wirklich. Sie glauben fest daran, dass sich jetzt endlich alles ändern wird – mit unserer Hilfe, wenn wir sie bloß in die Suchtambulanz der nächsten zuständigen Psychiatrie transportieren. Anfangs glaubte ich es selbst. Ich redete ihnen gut zu, machte ihnen Mut. Und jedes Mal, wenn wir einen dieser Patienten in der Klinik abgegeben hatten, dachte ich: Okay, es war kein Notfall, aber wir haben geholfen. Diese Gedanken änderten sich. Denn in den folgenden Wochen und Monaten sammelten wir jeden dieser Patienten mehrfach ein. Wieder und wieder wurden wir vor der Haustür im Goldweg 42 von Menschen abgefangen, die sehr wohl noch auf ihren Beinen stehen konnten und in der Lage gewesen wären, mit dem Bus oder der Bahn den Weg in eine Entzugsklinik zu bestreiten. Aber trotzdem lieber uns anriefen: »Heute ist es so weit! Heute wird sich alles ändern! Ich werde es schaffen! Für mich! Für meine Kinder!« Für die Katze und den Hund …

In der Suchtambulanz rollte man meist auch mit den Augen. »Sie schon wieder«, hieß es dann, wenn wir mit einem altbekannten Gesicht in Begleitung die Klinik betraten. »Sie wissen doch, wie das läuft: Sie müssen sich selbstständig und nüchtern vorstellen.«

Wenn es sich für uns schon wie ein nie endender Kreislauf anfühlte, möchte ich nicht wissen, was die Kollegen in der Suchtambulanz empfinden, jeden Monat vorgeführt zu bekommen, dass sämtliche Therapieversuche wieder einmal gescheitert sind.

Taxifahrer in Uniform

Ich möchte mir nicht anmaßen, über den mächtigen Kreislauf einer Suchterkrankung und einen potenziellen Hilferuf zu urteilen, denn hinter jedem Schicksal steckt eine traurige Geschichte, in der Menschen, die meistens ohnehin vom Leben benachteiligt sind, auch noch viele falsche Abzweigungen genommen haben. Aber das Verständnis sinkt mit der Zeit. Man stumpft mehr und mehr ab. Mit jedem Gespräch dieser Art, das sich wiederholt, mit jedem Hilferuf, der ins Leere läuft, mit jedem Versprechen, das man drei Wochen später gebrochen vorfindet.

Ich habe diesen Job begonnen, weil ich Leben retten wollte, und plötzlich war ich irgendwie nur noch ein Taxifahrer in Uniform, wenn es mal wieder hieß: Einsatz im Goldweg 42! *Suizidandrohung,* stand auf dem Melder, und mit heulendem Martinhorn bliesen wir uns die Straßen frei, in unseren Köpfen alle möglichen Szenarien: Hat sich jemand eine Überdosis verabreicht? Alkohol? Drogen? Medikamente? Alles zusammen? Man wusste nie genau, was einen im Goldweg 42 erwartete – und doch wusste man irgendwie alles! Dementsprechend hoch war der Puls bei den neuen Kollegen und die Mundwinkel tief bei den alten. Von 70 Stundenkilometern auf Parken in unter zwölf Sekunden, fing uns vor dem Wohnblock ein Mann ab. Die

Kippe im Mundwinkel, die Hose in den Kniekehlen, sprach er undeutlich: »Guten Tag, ich möchte in die Psychiatrie!«

Nur um auch wirklich ganz sicherzugehen, betrachteten wir ihn eingängig. Beine: Check. Füße: Check. Bewusstsein: Check. »Okay«, sagte ich schließlich. »Und wieso steigen Sie dann nicht einfach in die Bahn und fahren in die Psychiatrie, sondern rufen den Rettungsdienst?«

»Ja, weil ich will, dass Sie mich da hinbringen.« Aus seinem Mund roch ich eine starke Alkoholfahne.

»Aber dafür ist der Rettungsdienst nicht zuständig. Wir transportieren nur Notfälle.«

»Ich bin ein Notfall!«, nuschelte der Mann undeutlich, und obwohl ich bereits wusste, dass diese Konversation zu nichts führte, weil ich ihm ansah, dass er offensichtlich stehen, gehen und sich halbwegs artikulieren konnte, fragte ich: »Was fehlt Ihnen denn?«

»Ich muss in die Psychiatrie«, antwortete er und damit ging das ganze Spiel von vorne los.

Ich erklärte ihm höflich, dass er meiner Meinung nach sehr wohl in der Lage war, den Weg dorthin mit den öffentlichen Verkehrsmitteln zu bestreiten, und dass ein Rettungswagen nicht »blockiert« werden könne, um Menschen, die kein Notfall sind, durch die halbe Stadt zu fahren. »Aber ich bin ein Notfall!«, wiederholte er erneut und schob schließlich das Totschlagargument hinterher, das im Goldweg weitverbreitet war, um seinen persönlichen Willen durchzusetzen und den für den Patienten kostenfreien[2] und bequemen Chauffeurdienst des Rettungsdienstes in Anspruch zu nehmen: »Ich habe Selbstmordgedanken ...«

---

[2] Die Kosten für den RTW-Einsatz tragen die Krankenkassen und somit wir Versicherten mit unseren Beiträgen.

»Alles klar, dann steigen Sie ein!« Rumms! Die Tür ging zu, wir traten aufs Gas. Ohne Martinhorn – denn nach gründlicher Evaluierung waren wir uns sicher, seine Situation ließe es zu, sich an die gängigen Verkehrsregeln zu halten. Dass wir damit Recht hatten, bewies unser Fahrgast an der letzten roten Ampel vor der Klinik, an der wir selbstverständlich ordnungsgemäß anhielten.

»Jo! Danke, ne!«, rief er und sprang aus dem Wagen. Mitten an der Kreuzung!

Goldweg hoch zwei

Es waren Einsätze wie diese, die sich endlos wiederholten und dafür sorgten, dass man mit der Zeit abstumpfte und auch ausbrannte. Ich mache keinem Amt und keiner Behörde einen Vorwurf. Dass ein personeller Engpass im Gesundheitswesen existiert, ist kein Geheimnis. Aber ist es tolerierbar, dass wir diesen Fakt wieder und wieder als Rechtfertigung heranziehen? Für mich nicht. Ich kann und will es nicht akzeptieren, dass unsere zivilisierte Gesellschaft so ignorant mit Menschenleben umgeht, und doch begegne ich dieser Ignoranz auf meinen Einsätzen ständig – nicht nur in Harlem, aber dort war es eben außerordentlich auffällig. Immer wenn ich an einem Punkt angekommen war, an dem ich dachte, was ich heute in diesem Einsatzgebiet erlebt habe, ist nicht mehr zu toppen, kam es noch dicker: Und so erhielten wir eines Tages ein Alarmruf aus einem zweistöckigen Wohnheim mit Sozialwohnungen in direkter Nachbarschaft zu unserer Wache.

»Wir gehen zu Fuß rüber«, ordnete ein erfahrener Kollege aus dem Team an. »Das Einsatzfahrzug rauszuholen, lohnt sich nicht!«

Wir überqueren die Straße mit spärlichem Equipment, und ich fragte mich unterdessen, wie er das wohl meinte. Was lohnte sich nicht? Bereits in der Zufahrt zum Gebäude wurden wir von unbeteiligten Spaziergängern abgefangen. »Da vorne liegt einer«, informierten die Herrschaften uns und deuteten zum Hauseingang.

Schon aus zirka fünf Metern Entfernung erkannte man nach einer gewissen Zeit im Einsatz in diesen Gefilden, wenn jemand bewusstlos durch Drogen und/oder Alkohol am Boden lag.

Wir beugten uns dennoch über den Mann, beäugten die fahle Haut, die eingefallenen Augenhöhlen. Mein Kollege sprach ihn mehrfach an, tippte energisch an seine Schulter, aber außer einem weggetretenen Stöhnen kam keine Reaktion. Plötzlich schossen zwei Typen aus dem Hauseingang und brüllten: »Lassen Sie ihn!« Dann packte jeder von ihnen einen Arm und sie schleiften ihn wie einen Sack über den Boden zurück ins Obdachlosenwohnheim. Die Tür fiel mit einem lauten Knall ins Schloss und ich glotzte völlig verdutzt meinen Kollegen an.

»Was war das?«

»So läuft das hier!«, antwortete er nur resigniert. »Wir machen hier nichts.« Er machte auf dem Absatz kehrt und lief zurück zur Wache.

Wieso machen wir hier nichts?, hätte ich zu Anfang meiner Zeit im Rettungsdienst gefragt. Aber nach sechs Jahren in diesem Job und 36 Monaten in Harlem war mir bereits bekannt, dass in Wohngebieten wie diesem Bewusstlosigkeit und eine flache Atmung für die Menschen noch nicht Grund genug waren, in Kontakt mit irgendeinem Uniformträger zu treten. Ich wusste, wie sich die Schräubchen im System und in dieser Welt drehten, und trotzdem blieb ich einen Moment nachdenklich zurück und starrte auf das Gebäude, aus dem ich nie wieder einen Menschen zu Gesicht bekommen sollte, obwohl hinter seinen Fassaden exzessiver Drogenkonsum und die Einnahme gesundheitsgefährdender Substanzen den gesamten Alltag der Bewohner ausmachten. Doch hier regelten die Menschen »ihre Dinge« lieber unter sich, als uns Zutritt zu gewähren. Jeder wusste das und niemand tat etwas dagegen.

Verändere ich eigentlich etwas?

Wenn ich mir diese Frage stelle und meine Einsätze in Kategorien einteile, um der Antwort auf die Spur zu kommen, würden sich wohl zwei dominante Varianten herauskristallisieren.

Zum einen hätten wir die Fälle, wie in den letzten Fallbeispielen beschrieben: die Hamsterradeinsätze, die sich unablässig wiederholen. Und täglich grüßt das Murmeltier. Alles für nichts. Einer gegen alle und alle für einen.

Die zweite Kategorie wären wohl jene, bei denen ich mit ausgestrecktem Zeigefinger noch deutlicher auf die Ineffizienz unseres Gesundheitssystems zeige, noch lauter auf die Bürokratie schimpfe und feststelle, dass wir oft gegen jede Sinnhaftigkeit den Weg des geringsten Widerstandes gehen. Wie Soldaten des Gesundheitssystems leisten wir in der Befehlskette sturen Gehorsam, denn eins ist sicher: Uns hält man gern unten in der Hierarchie, damit wir schön die Drecksarbeit machen. Sie wissen ja: Die Stadt muss sauber werden …

Dass dies nicht immer zwangsläufig nur die untersten Gesellschaftsschichten betrifft, sehen wir daran, wie in unserem Gesundheitssystem mit nahezu jeder Personengruppe verfahren wird, die auf medizinische Versorgung angewiesen ist – Einsatz im Seniorenheim:

Es war 18:30 Uhr, als wir eintrafen. Zirka zehn Minuten zuvor waren wir alarmiert worden.

»Der Patient sieht auf einem Auge schlechter als sonst«, informierte uns der Altenpfleger, der uns zu dem Patienten führte. »Die Hausärztin hat ihn sich bereits angesehen und eine Einweisung ins Krankenhaus angeordnet.«

Alles klar, soweit nachvollziehbar. Neben der Fremdanamnese ist es wichtig, direkt mit dem Patienten zu sprechen und gegebenenfalls erste Untersuchungen durchzuführen. So begrüßten wir den sehr betagten Herrn mit den Worten: »Na, was fehlt uns denn?«

»Nichts«, antwortete der Alte mit kratziger Stimme. »Ich seh schon lang nicht mehr gut auf dem einen Auge.«

Aha. Interessant. Fragend wanderten unsere Blicke zu dem Pfleger, der sich jedoch auf die Einweisung berief, auf der geschrieben stand: *Sehverlust rechts, Ausschluss Blutung.*

»Ja, nu, Sie können uns also sehen?«

Jawohl! Er konnte uns sehen. Auch mit dem rechten Auge, das laut Einweisungszettel unter Sehverlust litt.

»Also heute Morgen beklagte der Patient noch, dass er schlechter sähe als sonst«, erklärte der Pfleger jetzt erneut. »Und heute Nachmittag, nachdem die Ärztin ihn untersucht hatte, konnte sie eine Blutung nicht gänzlich ausschließen, weshalb der Patient nun in ein Krankenhaus muss.«

An dieser Stelle fasse ich zusammen: Wir hatten es mittlerweile 18:45 Uhr. Es wurde morgens ein akuter Verschlechterungszustand vom Patienten gemeldet, der erst nachmittags ärztlich begutachtet wurde. Am Abend schließlich sollte ein Rettungswagen den Patienten, der mittlerweile wieder symptomfrei war, mit Blaulicht und Martinshorn in ein Krankenhaus fahren. Und um alldem die Krone aufzusetzen, stellte sich schließlich noch heraus, dass die Symptomatik bereits verschwunden war, als die Hausärztin sich den Patienten angesehen hatte, und sie lediglich der Aussage des Pflegers gefolgt war.

»Wo ist denn der Arztbrief?«, fragten wir daraufhin, in dem schwachen Versuch, hier irgendwie Licht ins Dunkel zu bringen. »Da müsste ich erst einmal nachschauen …« Während der Pfleger in aller Ruhe den Arztbrief suchte, unterhielten wir uns noch ein wenig ausführlicher mit dem Patienten, der 95 Jahre alt und von diversen Vorerkrankungen geplagt war. Nach unserer neurologischen Diagnostik, die keinen akuten krankhaften Befund lieferte, waren wir uns einig, dass ein Transport dieses Patienten mit einem Rettungswagen nicht indiziert war. Wir verwiesen den Pfleger somit an ein örtliches Krankentransportunternehmen, um aufgrund fehlender Dringlichkeit an ein niederschwelliges Einsatzmittel abzugeben, damit wir – als höherwertiges Einsatzmittel – uns wieder einsatzbereit melden konnten. Das schmeckte dem Pfleger allerdings gar nicht, das konnte mein Kollege ihm an der Nasenspitze ansehen, und er folgte ihm unauffällig, als er den Raum zum Telefonieren verließ. Und Tatsache: Anstelle des Transportunternehmens rief der Pfleger erneut die Hausärztin an, die darauf bestand, dass wir den Patienten ins Krankenhaus fuhren, und also ergab es sich, dass wir, wie so oft, eine Entscheidung nicht mehr auf Basis von Sinnhaftigkeit trafen, sondern bloß, um Konflikten und Ärgernissen aus dem Weg zu gehen. Bevor wir nun also ein riesiges Fass aufmachten, begleiteten wir den Patienten fußläufig zu unserem Rettungswagen. Kurz vor unserer Abfahrt hatte der Pfleger die Arztbriefe dann noch finden können, und mein Kollege studierte die Unterlagen, während ich am Steuer saß. Plötzlich fing er laut an zu lachen. Im Rückspiegel sah ich ihn den Kopf schütteln.

»Es ist alles bekannt! Alles.« Er warf die Kladde weg. Der Patient hatte so ziemlich jede Erkrankung am Auge mitgemacht, die es gab. Somit hatte der Patient nichts Akutes und nichts Neues. Trotzdem waren wir nun auf dem Weg zur Neurologie mit ihm. Dort stellten wir ihn vor und schließlich schaute uns auch die Neurologin verwirrt an. »Und was ist jetzt neu?«

Nichts. Einfach nichts. Wir sind mit einem Rettungswagen, bis an die Decke ausgestattet mit Medizin und teurer Gerätschaft, einmal quer durch die Stadt gegurkt, um einer ärztlichen Anordnung Folge zu leisten. Denn als nicht ärztliches Personal hat man leider nur wenig Handlungsspielraum, dem zu widersprechen.

Und so fragten wir uns einmal mehr, was das eigentlich für ein völlig sinnbefreiter Einsatz gewesen war, wem unsere Bemühungen gerade etwas gebracht hatten und ob die ganze Nummer nicht einfach nur Zeit- und Energieverschwendung für alle Beteiligten gewesen war. Schließlich konnte man davon ausgehen, dass die Neurologin vermutlich schon bei unserer Abfahrt ein Krankentransportunternehmen angerufen hatte, das den Patienten bei nächster Gelegenheit zurück ins Seniorenheim transportieren würde ...

Elendspyramide

»Ihr seht doch bestimmt heftige Sachen!«, bekommt man als Rettungsdienstler oft zu hören. Ich sage dann meist: Ja, das stimmt! Aber der rettungsdienstliche Alltag besteht nicht, wie allseits vermutet, aus Schwerverletzten, Verbrannten oder Personen auf Bahngleisen. Der rettungsdienstliche Alltag in Harlem ist genau das, was ich Ihnen gerade geschildert habe: Alkohol- und Drogenmissbrauch, Verwahrlosung, Elendskreislauf. Man könnte sich eine Pyramide vorstellen. Eine Elendspyramide. Warum tun wir als Gesellschaft unseren Mitmenschen das an? Und den Rettungskräften? Ich weiß, dass man sich all das kaum vorstellen kann, wenn man von der anderen Seite der Stadt kommt, und ich möchte Sie ganz sicher nicht dazu auffordern, sich einen persönlichen Eindruck zu verschaffen. Ich möchte bloß, dass Sie verstehen, dass dieses Leid existiert, auch wenn Sie es nicht direkt sehen. Und was ich Ihnen hier zeige, ist nur die Spitze des Eisbergs. Darunter liegt so viel mehr. Das Fundament der Pyramide dürfte noch verhältnismäßig greif- und vorstellbar sein: Menschen, die im Großstadtdschungel verloren gehen, weil sie keine Angehörigen oder Freunde haben, die sich um sie kümmern, und die sukzessive weniger dazu in der Lage sind, ihren Haushalt zu managen, und die sich mit dem Kranksein und dem Älterwerden der Verwahrlosung nähern. Etage um Etage werden wir auf den nächsten Seiten die unterschiedlichen Stufen betrachten, bis zum beinahe Unvorstellbaren, wo wir Wohnviertel und Wohnblocks kennenlernen werden, in denen eine ganze Parallelwelt existiert, fernab von Recht und Ordnung.

Fernab von Recht und Ordnung

In Harlem gibt es nichts, was es nicht gibt. Menschen, die auf offener Straße erschossen oder erstochen werden, kommen hier deutlich öfter vor als in anderen Einsatzgebieten. Leichen vor Diskotheken in den frühen Morgenstunden, Überfälle am helllichten Tag – nichts davon ist die Ausnahme in diesem Viertel. Wir haben es sogar schon erlebt, dass uns ein Patient im Rettungswagen plötzlich eröffnete, dass er soeben einen Familienangehörigen ermordet hatte. Es verging kein Dienst ohne eine Körperverletzung. Dafür lagen die Gründe nicht nur im Alkohol- und Drogenmissbrauch. In Harlem kommt es leider auch immer wieder zu blutigen und lebensbedrohlichen Einsätzen, weil das Viertel von Bandenkriminalität geprägt ist und von sogenannten Clans beherrscht wird, die um Kontrolle, Territorium und Macht kämpfen. Diese Großfamilien sind tief verwurzelt in kulturellen, sozialen und wirtschaftlichen Ungleichheiten und setzen ihre eigenen Regeln durch. Die Straßen werden zu einem Ort der Unsicherheit und Angst sowie zur Geburtsstätte von rassistischen Übergriffen. Auch wir als Rettungsfachpersonal kamen uns tendenziell etwas eingeschüchtert vor, wenn bei einem Einsatz fünf bis zehn Angehörige um uns herumstanden und wir Anweisungen im Befehlston erhielten. Einmal erlebte ich es sogar, dass uns ein Familienoberhaupt, nachdem wir es versorgt hatten, sagte: »Wenn mal einer Stress macht, gebt Bescheid. Die Straße gehört mir!« In dem Fall galt uns zwar das Wohlwollen des Mannes, dennoch zeigen einem solche Aussagen auch, dass man es mitunter mit potenziell gefährlichen Menschen zu tun und die Umgebung ganz dezent die Atmosphäre von rechtsfreiem Raum hat. Wer weiß, was uns in mancher Situation geblüht hätte, wenn wir uns den Anweisungen der »Bosse« oder ihren Angehörigen widersetzt hätten, weil wir beispielsweise der Ansicht gewesen wären, ein Patient wäre kein Notfall. Diese Situationen gab es auch und gar nicht so selten. Stellten wir in unserer Anamnese fest, dass die Notwendigkeit eines Transports in die Notaufnahme nicht gegeben war, hieß es schnell: *Lieber Krankenhaus, lieber Krankenhaus.* Dies war natürlich überhaupt nicht im Sinne des Systems, aber, wie schon angesprochen, war es nur in seltenen Fällen möglich, eine Entscheidung auf Augenhöhe zu treffen. Eher fügten wir uns den Umständen.

Stefan, 49 Jahre alt, ehemaliger Kollege:

Wie bereits erwähnt, war ich in »Harlem« im Einsatz, und zwar ganze 18 Jahre. Ich habe die Entwicklung dieses Stadtteils somit über einen langen Zeitraum beobachten können.
Angefangen habe ich 2004. Damals war es ein Arbeiterviertel, sehr bürgerlich geprägt, bereits mit einem hohen Migrantenanteil, der jedoch gut integriert war. Ich würde sagen, 99 Prozent der Bevölkerung waren Türken. Eine Straße war damals bereits bekannt als »Klein Istanbul«, aber völlig ohne wertenden Hintergedanken. Einfach so, wie es in anderen Städten Chinatown, Little Italy und Co. gibt. Dort gab es immer schon einen Mikrokosmos, jedoch habe ich während meiner ersten Monate in diesem Wachgebiet nicht beobachten können, dass es größere Probleme gegeben hätte. Der

erste Ruck ging durch die Gesellschaft, als es zu einem rassistisch motivierten Bombenattentat in diesem Viertel kam, das war ebenfalls 2004. Danach hatte ich das Gefühl, dass eine etwas unruhige Phase begann. Es spielten sich vermehrt heftige Krawalle zwischen türkischen und kurdischen Gruppen in den Straßen ab. Abgesehen von einzelnen Zwischenfällen sind die Leute allerdings sehr gut miteinander ausgekommen. Ein kunterbunter Stadtteil, aber es lief irgendwie. Mit der Zeit hat sich die Gesellschaft aus verschiedensten Gründen jedoch verändert. Es kamen immer mehr unterschiedliche Bevölkerungsgruppen jeglicher Herkunft hinzu, vor allem Polen, Russen, Afghanen und Nordafrikaner. Immer häufiger nahm ich wahr, dass es Gewaltausbrüche und Spannungen überwiegend innerhalb dieser neu hinzugekommenen Gruppen gab, beziehungsweise von diesen ausgingen, und man abends kein Bier mehr am Kiosk trinken konnte, ohne sich in Gefahr zu begeben. Über die Jahre wuchsen die Einsätze wegen Körperverletzungen stetig, auch jene infolge von Waffengewalt. Ich persönlich wurde schon zweimal mit einem Messer verfolgt und einmal schaute ich sogar in den Lauf einer durchgeladenen Waffe. Es war echt der pure Wahnsinn, was sich da teilweise während eines Einsatzes abspielte. Richtig eskaliert ist die Situation dann im Jahr 2015, als hunderttausende Schutzsuchende, die meisten aus den Kriegsgebieten in Syrien und dem Irak, nach Deutschland kamen. Die Art und Weise, wie mit diesen Menschen umgegangen wurde, verpasste mir noch mal einen richtigen Kickdown. Flächendeckend in ganz Deutschland und natürlich auch in der Gegend um Harlem wurden an jeder Ecke in irgendwelche Turnhallen unzählige Flüchtlinge gepfercht und teilweise Monate lang, manchmal sogar über ein Jahr, mehr oder weniger sich selbst überlassen.

Tagtäglich hatten wir Einsätze in solchen Flüchtlingsunterkünften, weil es keinerlei hausärztliche Versorgung für diese Menschen gab. Am laufenden Band waren RTWs unterwegs. Die Gruppen untereinander bekamen sich in die Haare und on top war teilweise wirklich fragwürdiges Security-Personal im Einsatz. So mancher Anblick ist mir im Gedächtnis geblieben: 500 Flüchtlinge in einer Turnhalle, und auf einer Empore stolzierten irgendwelche Sicherheitsmänner umher, die meiner Beobachtung nach zuweilen menschenverachtendes Verhalten an den Tag legten. Wie unser Land politisch mit dieser Situation umgegangen ist, war wirklich schlimm. Die Leute wurden völlig ohne Perspektive stehen gelassen. Diese Zeit in Harlem hat meine Motivation für diesen Job noch mal ordentlich runtergezogen. Darüber hinaus sind die Arbeitsbedingungen immer härter geworden, die Einsatzzahlen gingen immer weiter rauf, die Schichten wurden anstrengender, die Wertschätzung wurde geringer. Irgendwann war ich an einem Punkt, an dem mir die Gesamtbelastung des Jobs einfach über den Kopf gewachsen ist.

Eine Psychose kommt selten allein

Ein ganz normaler Ostersonntag in Harlem: Mein Kollege und ich hatten Dienst und fuhren gegen 08:30 Uhr am Morgen zum Bäcker am Adenauerplatz, um uns ein kleines Frühstück zu besorgen. Wir standen in der Warteschlange am Thekenfenster für den Außenverkauf an, als ein ungefähr zwei Meter großer, stämmiger Mann, schätzungsweise Mitte dreißig, vorbeilief. Er fiel mir sofort auf, weil ich ihn aufgrund seines Aussehens bereits einige Wochen zuvor schon mal in der Bahn registriert hatte.

Er trug einen Aktenkoffer, eine helle Cargohose und einen dunklen Wollpullover mit einem Jackett darüber und erinnerte mich auf den ersten Blick an den fiktiven Charakter Jacob Kowalski aus der Filmreihe *Phantastische Tierwesen* – bloß hatte dieser Mann einen deutsch-französischen Akzent, wie ich bemerkte, als er uns auffällig laut in gebrochenem Deutsch ansprach: »Hallo, die Männer von der Feuerwehr!«

Mein Kollege und ich reagierten mit einem zögerlichen »Guten Morgen«, denn wir wussten nicht, ob er Spaß machte oder es sich bei ihm schlichtweg um eine verhaltensauffällige Person handelte, was in Harlem ja nichts Ungewöhnliches wäre.

»Guten Morgen, Scheiße!«, fingen wir uns als Antwort von ihm ein, und er legte unvermittelt damit los, uns anzuschreien und uns wüste Beleidigungen um die Ohren zu feuern.

»Bitte gehen Sie doch einfach weiter«, bat mein Kollege ihn beherrscht.

»Geh weg, Feuerwehr-Schwein!« Der Mann donnerte seinen Koffer auf den Boden und in meinem Kopf rasten die Gedanken: Geht der Mann jetzt auf uns los und artet das hier gar in eine Schlägerei aus? Der Mann wurde immer lauter und unberechenbarer.

»Komm, Luis, ruf mal die Polizei, bitte!«, meinte mein Kollege dann zu mir, und kaum dass ich mein Handy zückte, hob der Mann plötzlich seinen Koffer auf und ging weiter. Jedoch drehte er sich dabei weiterhin nach uns um und schrie wilde Beleidigungen über den Platz. Inzwischen hatte ich unsere Leitstelle am Telefon und forderte die Polizei an, da wir nicht wussten, ob das Aggressionslevel dieses Mannes sich nicht gleich am nächsten Bürger entladen würde. Um den Mann nicht aus den Augen zu verlieren, folgten wir ihm in Schrittgeschwindigkeit mit dem Rettungswagen. Er beschimpfte uns permanent weiter, was wir sogar durch die geschlossenen Fensterscheiben hören konnten. Schließlich blieb er an einer Straßenbahnhaltestelle stehen. An diesem Punkt kam dann auch die Polizei hinzu, und noch während die Beamten sich ihm näherten, stellte er seinen Koffer ab und nahm unaufgefordert die Hände hoch. Jetzt wechselte seine Sprache plötzlich zwischen Französisch und Deutsch hin und her. Wenn er Deutsch sprach, sagte er Dinge wie: »Vater tot. Mutter tot. Dem Sohn ist alles egal.«

Einer der Beamten befragte uns in der Zeit zu dem Vorfall am Bäckerstand und klärte uns außerdem darüber auf, dass dieser Mann wegen Raubüberfällen und Körperverletzungen bereits polizeilich bekannt sei. Er war also kein Mann der leeren Drohungen. Ebenso erfuhren wir, dass er schon oft gegen seinen Willen auf einer geschlossenen Station untergebracht gewesen war. Offensichtlich war seine Aggression die Folge einer Psychose. Unterdessen schaukelte sich der Mann immer weiter hoch, sprach mittlerweile so wahnhaft, dass wir einen Notarzt nachalarmierten. Als dieser eintraf und freundlich »Hallo!« sagte, begrüßte ihn der Patient prompt mit den Worten: »Haben Sie mal in den Spiegel geschaut? Sie sehen aus wie Scheiße!«

Wir mussten hier schließlich nicht viel erklären, bis der Notarzt ein Gutachten ausstellte, mit dem es möglich wurde, den Patienten in eine Psychiatrie einzuweisen.

Abschließend wollte der Polizist noch wissen, ob wir auch eine Anzeige wegen Beleidigung aufgeben wollten. Doch wir schüttelten bloß die Köpfe. Wenn wir für jedes »Arschloch« eine Anzeige schreiben würden, kämen wir aus dem Papierkram nicht mehr raus …

(K)einsatz

Kaum hatten wir den Mann mit dem Aktenkoffer in die Psychiatrie gefahren, kam es noch vor Ort auf dem Parkplatz zum nächsten Vorfall: Sofern es sich nicht um eine Einweisung gegen den Willen der Patienten handelte, waren sie mitunter durchaus freiwillig dort. Dies erlaubte es ihnen, sich vor der Tür der Notaufnahme aufzuhalten, beispielsweise, um zu rauchen. Ebenso kam es vor, dass Patienten, die sehr häufig vor Ort und »austherapiert« waren, nur ambulant, also ohne eine stationäre Aufnahme, behandelt wurden, obwohl sie selbst teilweise lieber durchgängig untergebracht gewesen wären. Da das Personal der Psychiatrie keine Uniform trug, war es manchmal gar nicht so leicht für uns, den Überblick darüber zu behalten, ob gerade ein Patient oder ein Betreuer kam oder ging oder eben Raucherpause machte.

An besagtem Ostersonntag jedenfalls wollten wir gerade wieder vom Parkplatz rollen, da erblickten wir durch die Windschutzscheibe, wie eine Frau plötzlich aufgebracht auf uns zurannte. Ihr Haar war zerzaust und ihr Gesichtsausdruck wirkte total verwirrt. Ich drehte gerade den Schlüssel herum und der Motor sprang an, da riss sie die Beifahrertür auf und sprang meinem Kollegen auf den Schoß.

»Bitte fahren Sie mich nach Hause!«, bettelte sie. Mein Kollege wusste nicht, wie ihm geschah. Er hatte noch kaum die Sache mit dem Aktenkoffermann verdaut und schon fand er sich mittendrin in der nächsten skurrilen Situation. »Gehen Sie sofort von mir runter!«, rief er sichtlich unter Schock, und es dauerte einen Moment, bis die Frau tatsächlich von ihm abließ und aus dem Rettungswagen kletterte. Sofort schlossen wir die Türen ab. Wir waren völlig vor den Kopf gestoßen und wie gelähmt vor Schreck und fragten uns auf der Rückfahrt nur noch: »Was geht hier eigentlich ab?« Selbst wenn man sich nicht geistig im Modus »Einsatz« befand, wurde man mit Distanzlosigkeit und aggressivem, übergriffigem Verhalten konfrontiert. Solche Erfahrungen können einen schon an seine Grenzen bringen.

Übrigens: Vier Wochen später wurde ich zu einem Einsatz wegen Körperverletzung in ein benachbartes Einsatzgebiet unweit der Psychiatrie alarmiert. Der Mann mit dem Aktenkoffer war erneut involviert. Dieses Mal hatte er eine Passantin angegriffen und auf die Gleise der Straßenbahn gestoßen. Was mir danach noch lange im Kopf herumschwirrte, war der Gedanke, dass der Mann einige Wochen zuvor »stinknormal« in der Straßenbahn saß wie jeder andere Fahrgast auch. Er war jemand, der aufgrund psychischer Unzurechnungsfähigkeit immer wieder auf freien Fuß kam, sobald er medikamentös eingestellt war, und mit dem Absetzen der Medikamente psychotisch und fremdaggressiv wurde und somit eine Gefahr für die Öffentlichkeit darstellte. Mir wurde einmal mehr klar, dass man Menschen eben immer nur vor den Kopf sehen kann.

Ich möchte an dieser Stelle übrigens nicht das Bild zeichnen, dass jeder psychisch kranke Patient gleichzeitig fremdaggressiv wird. Natürlich handelt es sich bei den Fällen, die ich hier beschreibe, um die, die am stärksten polarisieren und deshalb in Erinnerung bleiben. Die »unberechenbare« Komponente kommt meiner Einschätzung nach erst hinzu, wenn diese Patienten in die Ecke gedrängt werden, deshalb ist hier immer ein ruhiges Vorgehen gefragt.

In Harlem hatten wir auffällig viele psychotische Patienten. Woran das lag? Nun ja, diese Frage habe ich Dr. Peter Neudeck, Verhaltenstherapeut in Köln, gestellt und erfahren, dass die Entstehung einer Psychose ein Zusammenspiel von Biologie, Lerngeschichte[3] und sozialem Umfeld ist. Wobei man sagen muss, dass Psychosen die psychischen Erkrankungen mit dem höchsten Anteil biologischer Prozesse sind. Familiäre Häufung macht somit vulnerabel und erhöht die Wahrscheinlichkeit der Erkrankung. Man vererbt dementsprechend nicht die Erkrankung, sondern die Disposition.

Mit Händen und Füßen

In Harlem liegt der Ausländeranteil bei 32 Prozent, dabei handelt es sich um das Dreifache des Bundesdurchschnitts. In manchen Straßenzügen beobachteten wir beim Durchfahren, dass Personen ohne Migrationshintergrund definitiv die Ausnahme bilden. Sprachbarrieren und kulturelle Unterschiede stellten uns somit beinahe täglich vor große Herausforderungen. Meistens mussten wir uns mit Händen und Füßen verständigen. Glücklicherweise hilft uns ein geschulter Blick überwiegend, auch ohne Worte zu erkennen, woran der Patient leidet. Das ändert allerdings nichts daran, dass die ausländischen Patienten uns nicht verstehen, wenn wir ihnen in deutscher Sprache erklären, wie eine mögliche Therapiemaßnahme aussieht oder dass wir sie oder einen verwandten Patienten (denn meistens steht, wie gesagt, bei solchen Einsätzen die ganze Familie drum herum) ins Krankenhaus bringen müssen. Die sprachlichen

---

3 Während der Sozialisierung verläuft die Lerngeschichte hinsichtlich Zielen, denen man sich annähern möchte, und solchen, die man vermeiden will. Ebenso bilden sich kognitive Strukturen wie Annahmen und Grundüberzeugungen heraus.

Diskrepanzen führen auf Dauer dazu, dass man das gebrochene Deutsch der Patienten adaptieren muss, um überhaupt verbale Kommunikation möglich zu machen.

Ich erinnere mich noch gut an einen Einsatz, auf dem mich ein neuer Kollege begleitete, der frisch zu uns auf die Wache gekommen war. Er neigte dazu, insbesondere das Vorgehen der erfahreneren Kollegen infrage zu stellen. Grundsätzlich ist das ja nicht verwerflich, schließlich gibt es nichts Schlimmeres als den Satz »Das haben wir schon immer so gemacht«. Als wir am Einsatzort eintrafen und ein erfahrener Kollege den Patienten fragte: »Wo Schmerz?«, sind dem Neuen geradezu die Augen aus dem Kopf gefallen.

»Das könnt ihr nicht sagen; das gebrochene Deutsch der Immigranten zu imitieren ist rassistisch!«, regte er sich fürchterlich auf und versuchte schließlich, die Anamnese in feinstem Hochdeutsch durchzuführen. Über den Köpfen der gesamten Großfamilie ploppten durchgehend Fragezeichen auf, und es brauchte am Ende doch wieder Hände und Füße und simple einzelne Wörter, um dem Patienten klarzumachen, dass wir ihn in die Notaufnahme bringen würden.

Der neue Kollege blieb dennoch seiner politisch korrekten Befragungsweise treu – weitere sechs Monate lang. Dann hörte ich ihn plötzlich bei einem gemeinsamen Dienst fragen: »Wo Schmerz?«

Mit großen Augen sah ich ihn an. »Vor einem halben Jahr war das doch rassistisch ...«

Er warf mir nur einen alles sagenden Blick zu und ich dachte mir einmal mehr: Interessant und schockierend zugleich, wie Harlem es schaffte, Personen in kürzester Zeit so stark zu verändern. Auch ich bemerkte diese Veränderungen bei mir, es zeigte sich vor allem darin, dass ich zunehmend genervter war, wenn bestimmte Adressen auf dem Alarmdruck standen. Zum Beispiel der Goldweg. Zum Beispiel der Adenauerplatz. Und es darf natürlich auf gar keinen Fall sein, dass plötzlich diese Schublade aufgeht und der Patient mit einem völlig voreingenommenen Retter konfrontiert wird. Glücklicherweise kann ich persönlich immer schnell umschalten, wenn ich am Einsatzort bin. Dann sehe ich die Symptome, den Sachverhalt und nicht die Sprachbarriere, nicht alles, wovon ich in der Theorie genervt bin. Ich habe es damals, als ich noch in diesem Einsatzgebiet fuhr, immer etwas überspitzt formuliert: Man radikalisiert sich in einem solchen Fall mit der Zeit gegen sein Einsatzgebiet – nicht gegen bestimmte Menschen. Sie sehen, es gibt nicht nur Schwarz und Weiß. Wir haben noch nicht die ideale Lösung für alles, aber wir arbeiten daran, immer besser zu werden – denn besser geht es immer.

Eins kann ich aber definitiv festhalten: Ein Rettungsdienstler hilft jedem Menschen immer unabhängig von seiner Herkunft und seinem Erscheinungsbild nach besten Wissen und Gewissen. Wir behandeln einen Herzinfarkt oder einen Schlaganfall immer gleichermaßen kompetent. Nichts anderes habe ich in meiner Karriere erlebt. Ich denke aber, es gibt dieses Phänomen, dass man, wenn man zu lange mit der gleichen Patientengruppe konfrontiert ist, sich emotional gegen sein Einsatzgebiet wendet.

Stefan, 49 Jahre, ehemaliger Kollege, meint dazu weiterhin:

In den letzten Jahren ist es zunehmend schwieriger geworden, sich im Einsatz zu verständigen, und das empfinde ich teilweise als sehr frustrierend. Mittlerweile arbeite ich im Krankenhaus, und auch hier habe ich die Erkenntnis gewonnen, dass es inzwischen, was das Personal betrifft, also die eigenen Kollegen, nicht anders ist. Man ist nicht mehr in der Lage, sich zu verständigen, weil es keine Sprache gibt, die wir gemeinsam sprechen. So geht es eben oft nur mit Händen und Füßen. Für Oma Brömmelkamp, die da im Bett liegt und vielleicht sowieso besser Platt als Hochdeutsch spricht, stelle ich mir das nicht so schön vor, wenn sie sich nicht mit ihrer Pflegekraft austauschen kann. Aber diese Erscheinung ist eben auch ein Phänomen dessen, wie sich unsere Gesellschaft verändert hat, und die einzige Lösung, die ich da sehe, ist, dass wir irgendwann wieder eine gemeinsame Sprache sprechen. Da gehört viel Integration dazu, die ich häufig vermisse. Ebenso wie Anreize und Programme, die man den Leuten dafür bieten muss, was ich gleichermaßen vermisse. In der Gesamtbetrachtung muss ich sagen, dass die Schere zwischen Arm und Reich, speziell in Brennpunkten, immer weiter auseinandergeht. Dadurch verschärfen sich die Probleme in Stadtteilen wie Harlem natürlich noch mehr. Das mag politisch nicht gewollt sein, wird aber zumindest billigend in Kauf genommen. Nicht nur bei der Bevölkerung führt das zu Frust, sondern auch bei Rettungsdienstlern; ich möchte sagen, bei jedem, der täglich in diesen Wachgebieten im Einsatz ist.

Pulverfass Sprachbarriere – kulturelle Unterschiede verstehen

Immer wieder lesen wir hier auf diesen Seiten von Sprachbarrieren, von Überlastung des Gesundheitswesens, von demografischer Veränderung in der Gesellschaft bis hin zur Eskalation. Woran liegt es, dass die Situation so verfahren ist? Dass der Job, den man einst gewählt hat, um Menschen zu retten, einem das Gefühl vermittelt, selbst gerettet werden zu müssen? Wieso hört sich beinahe jede Unterhaltung über die Arbeit nur noch wie ein Klagelied an? Und ich frage mich natürlich auch, was man tun kann, um aus dieser negativen Lage rauszukommen. Dr. Peter Neudeck, Verhaltenstherapeut in Köln, ist so nett und sieht sich diese Entwicklung mit uns aus verschiedenen Blickwinkeln an:

Ich denke, dass wir erst mal verstehen sollten, wie wir überhaupt in dieser Situation gelandet sind und woraus sie sie sich zusammensetzt. Schauen wir uns an, was hier alles aufeinandertrifft: kulturelle und sprachliche Hürden, emotionaler Stress von Seiten der Patienten und der Behandler in einer Notsituation, ein verändertes Verständnis in der Gesellschaft, was den Anspruch auf Versorgung angeht, eine Herabsenkung der Aggressionsschwellen, ausgereizte Belastungsgrenzen. All diese Faktoren spielen eine Rolle und haben einen Impact auf die konkreten Zustände in unserem Gesundheitssystem.

Dröseln wir das mal der Reihe nach auf: Allem voran bestehen in sämtlichen hier genannten Fällen, und allgemein in den meisten Brennpunktvierteln, soziale und kulturelle Unterschiede sowie häufig sprachliche Barrieren und der Einfluss von Drogen (Alkohol, Cannabis, Amphetamin). Verständlicherweise geht die Forderung durch die Gesellschaft, all diese Barrieren abzubauen. Grundsätzlich sollte man aber schon einen Schritt davor anfangen und akzeptieren, dass diese Probleme, Unterschiede und Barrieren vorhanden sind. Es entsteht der Eindruck, dass in Teilen der Gesellschaft diese

»Probleme« schlichtweg ignoriert oder negiert werden und die Situation so dargestellt wird, als würde man sich selbstverständlich auf Augenhöhe begegnen. Das ist aber ganz und gar nicht der Fall. Es ist beispielsweise manchmal gar nicht möglich, Patienten ohne Dolmetscher zu behandeln. Sprache ist das erste und vorrangige Handwerkzeug auch in Notfallsituationen und über Sprache werden zudem Kultur und Sozialisation vermittelt. In einer akuten Notsituation, wenn der Rettungsdienst an einem Einsatzort eintrifft, oder beispielsweise auch in den Notambulanzen, sind aber natürlich keine Dolmetscher vorhanden. Da bleibt den Kollegen selten eine andere Wahl, als mit sehr einfachen Worten und Gesten eine Verständigung möglich zu machen. Zu diesen ersten Hindernissen gesellen sich noch weitere. Gesellschaftliche und kulturelle Unterschiede, bezogen auf die Herkunft und Sozialisation, und daraus entstehende Erwartungen der Beteiligten spielen ebenso eine wichtige Rolle. Ich möchte das mal langsam steigern: Ein Begriff, der immer wieder im Zusammenhang mit Notfalleinsätzen, besonders in sozialen Brennpunkten, auftaucht, ist die »Anbindung« ans Gesundheitssystem beziehungsweise das Argument, es gäbe keine hausärztliche Versorgung, deshalb müssten manche der Betroffenen eben sofort die Notrettung kontaktieren. Was heißt das? Alle Menschen, die sich offiziell und legal in Deutschland aufhalten, sind gesetzlich verpflichtet, eine Krankenversicherung abzuschließen – das gilt ebenfalls für ausländische Studenten oder Arbeitnehmer. Wer nach Deutschland einreist, um Asyl zu beantragen, hat zwar nur Anspruch auf eine medizinische Grundversorgung, die Behandlung von akuten Krankheiten fällt allerdings darunter. Um diese in Anspruch zu nehmen, müssen Patienten in einer Praxis vorstellig werden, und das ist von der Politik auch genau so gewollt (»Lotsenfunktion«). Allerdings fehlt es oft schon an basaler Aufklärung und Information über unser System. Und so beginnt eines der Probleme, über das wir auf den vorangegangenen Seiten mehrfach gestolpert sind. Menschen, die erst vor Kurzem aus dem Ausland nach Deutschland gekommen sind, haben in der Regel zunächst einmal überhaupt keinen Überblick über unser Gesundheitssystem und darüber, wie die Kette der Anlaufstellen funktioniert: vom Allgemeinarzt über den Facharzt oder Notarzt über die Krankenhäuser und Rettungsdienste.

Menschen, die erst kürzlich nach Deutschland geflohen sind, leben oftmals isoliert in abgeschlossenen Spaces, womöglich in irgendwelchen Containerhäusern, ohne wirkliche Anbindung an die gesellschaftliche Realität hierzulande. Und dann geschieht Folgendes: Jemand aus einem anderen Kulturkreis, der hier seit zwei Wochen lebt, verdirbt sich den Magen mit der zünftigen deutschen Küche, weil er eine ganz andere Ernährung gewohnt ist. Er kommt nicht mehr von der Toilette runter, quält sich mit Magen- und Darmkrämpfen und wählt den Notruf, weil er sich nicht anders zu helfen weiß. In seiner Erwartung kommt dann ein Arzt, der hilft, so stellt er sich das vor. Das ist ein eher »harmloses« und wenig komplexes Beispiel, aber ich nehme es gern, um in den Blickwinkel des Patienten einzutauchen. Außerdem demonstriert es gut, wie es zu den sogenannten Einsätzen wegen eines Schnupfens kommt. Wenn wir den Blickwinkel nämlich ganz klein machen, könnte man auch sagen, für Patienten aus den meisten nicht westlichen Kulturkreisen ist der uniformierte Rettungssanitäter gleichbedeutend mit einem Arzt und der Gedanke aktiv: Wenn ich den Notruf wähle, kommt der Notarzt.

Fehlende Aufklärung vor dem Hintergrund kulturell unterschiedlicher Sozialisierung kann natürlich auch zum genauen Gegenteil führen, nämlich dazu, dass Ärzte und Ärztinnen beispielsweise ungleich wahrgenommen werden. Es kann durchaus passieren, dass eine junge Sanitäterin oder Ärztin einen Patienten mit Migrationshintergrund aufnimmt, und dieser möchte sich von ihr gar nicht behandeln lassen, weil die Kollegin nicht dem Stereotyp und den kulturell geprägten Vorstellungen entspricht, die dieser Patient von einem Arzt hat.

Man sieht schon an wenigen Beispielen, wie leicht es zu Fehlkommunikation und Unverständnis kommen kann. Dabei bleibt es jedoch oftmals nicht. Körperverletzungen, Anspucken, an den Haaren ziehen bis hin zur Bedrohung mit Waffen; all dies erleben Retter im Einsatz. Besonders Einsätze in No-go-Areas, die es aus der offiziellen Sicht der Polizei und Politik gar nicht gibt, die aber einen Teil der Realität in deutschen Städten darstellen, können sehr schnell sehr gefährlich werden.

Die Beantwortung folgender Fragen bietet eine erste Möglichkeit zur Orientierung für Retter in Hinsicht auf die potenzielle Gefahr von Gewalt und Übergriffen:

- Wo genau und bei welchen Einsätzen kommt es häufig zu Übergriffen?
- Wer genau sind die Täter, welche Straftaten werden begangen?
- Welche Rolle spielen Sprach- und Kulturunterschiede am Einsatzort?
- Welche Rolle spielen Alkohol und Drogen?
- Um welche Formen der Gewalt handelt es sich?

- Wie ist es möglich, sich auf gewalttätige Übergriffe einzustellen, beispielsweise mithilfe eines Trainings?

Die Ursachen für Schwierigkeiten, Übergriffe bis hin zur Gewalt sind selbstverständlich vielschichtig, eine Reduktion auf die eine Ursache macht ebenso wenig Sinn wie eine Schuldzuweisung. Dennoch, ich denke, es ist wichtig, genau zu benennen, was in der Realität vor sich geht, ohne falsche Scheu, unpopuläre Aussagen zu machen. Es gibt Menschen, die mit falschen Informationen und Erwartungen nach Deutschland kommen. Diese werden teils gezielt von kriminellen Banden und Organisationen in den Heimatländern verbreitet. So entsteht die Annahme, dass es hier ein umfassendes Gesundheitssystem gibt, alles bestens organisiert ist und für alle jederzeit und umsonst der höchste medizinische Standard verfügbar ist. Grundsätzlich stimmt vieles davon. Jedoch kann daraus der Anspruch entstehen, immer in Nullkommanix behandelt zu werden. In den vergangenen Jahren hat das Aufsuchen von Notfallambulanzen in Krankenhäusern sehr stark zugenommen. Manche Menschen reagieren sehr verärgert, bis hin zur Gewaltbereitschaft, wenn sie dort aus ihrer Sicht nicht schnell genug behandelt werden. Die Hemmschwelle ist auch hier geringer geworden. In den meisten Fällen bedeutet »in Nullkommanix behandelt werden wollen«, dass die Patienten in erster Instanz den Notruf wählen, auch und gar nicht selten, wenn keine lebensbedrohliche Situation vorliegt. Die Gründe dafür haben wir nun schon ausgiebig beleuchtet. Jedoch beobachte ich diesen Prozess natürlich nicht nur bei Patienten mit Migrationshintergrund.

Meiner Beobachtung nach hat sich grundsätzlich ein unschöner Trend in der Gesellschaft eingeschlichen oder zumindest das Gerücht, dass man schneller behandelt wird, wenn man über den Notruf den Weg ins Krankenhaus findet. Das führt aber nur zu überlasteten Notambulanzen und stellt eine neue Quelle für Stress und Konflikte dar. Denn in dieser Situation trifft Druck auf Verzweiflung. Der Notfallmediziner ist bis zum Anschlag im Stress, möchte schnell seine Patienten versorgen, und der Patient möchte ganz schnell versorgt werden, hat mitunter obendrein Schmerzen und Angst. Diese Kombination aus Emotionen ist ein Pulverfass in einer akuten Stresssituation.

Abgesehen von der fehlenden Aufklärung gewisser Patientengruppen bringe ich die veränderte Erwartungshaltung in Bezug auf eine rasche Versorgung auch mit der heutigen Konsumgesellschaft in Zusammenhang. Den Menschen wird durchgehend suggeriert, der Kunde sei König und hätte jederzeit einen Anspruch darauf, dass ihm schnell weitergeholfen wird. Nun ist ein Patient aber eben kein Kunde, sondern eigentlich in einer Bittstellerposition. Ich für meinen Teil bin noch so aufgewachsen, dass man sich besonders höflich verhält, wenn man von jemandem Hilfe möchte. In der heutigen Realität sieht das manchmal leider anders aus. Es zeigt sich hier eine Tendenz, die von einem durch nichts zu rechtfertigenden Anspruch auf immer verfügbare erstklassige Leistungen des Gesundheitssystems geprägt ist. Wir beobachten, dass es immer häufiger vorkommt, dass Personal von der Feuerwehr, von der Polizei, von Notrettungsdiensten beschimpft oder tätlich angegangen wird. Das ist, denke ich, eine Entwicklung, die daraus resultiert, dass die Hemmschwelle für gesellschaftliches Fehlverhalten geringer geworden ist, weil sie meiner Meinung nach unter anderem durch die sozialen Medien, wo es diese Grenzen gar nicht gibt, abgebaut wird.

Im Netz herrscht so viel Distanzlosigkeit – ob Fake oder echt, wird erst in zweiter Linie relevant –, und dadurch ist dieser Zustand, dass Menschen sich gegenseitig nichts Gutes tun, so präsent, dass sich innerhalb der Bevölkerung die Hemmschwelle auch offline senkt. Das betrifft jeden Bereich unseres sozialen Lebens und unseres Alltags, und der Anspruch, zum Beispiel in einem Krankenhaus sofort freundlich bedient zu werden, gehört ebenfalls dazu. Wenn man kurz innehält und sich fragt, ob ein solcher Anspruch berechtigt ist, wird man zum Schluss kommen müssen, dass dies Wunschdenken ist. Ein Wunschdenken, das in den öffentlichen Medien, nicht nur im Internet, immer wieder verstärkt wird, indem suggeriert wird, dass unsere Zahlungen ins Gesundheitssystem einen persönlichen, individuellen Anspruch auf ständig verfügbare erstklassige Leistungen bedingen. Wenn man in einer solchen Institution arbeitet, muss man sich schon fragen: Wo setze ich die Grenze, damit dieses Verhalten von Patienten nicht überhandnimmt? In manchen Notaufnahmen sind mittlerweile Ordnungsdienste beziehungsweise private Sicherheitsfirmen eingesetzt, weil Pflegepersonal angegangen wird. Selbstverständlich macht sich dadurch eine gewisse Angst unter den Kollegen breit, sodass man teilweise eine Art Burgmentalität beobachten kann, hinter der sich ein bisschen verschanzt wird, und ein Gemeinschaftsgefühl »Wir gegen die« und »Wir müssen uns schützen« entsteht. Das ist ebenso eine unschöne Entwicklung, aber eine Erklärung dafür, wie Aggression und Tätlichkeiten sich hochschaukeln. Es kommen noch weitere Faktoren hinzu, die diese Gemengelage beeinflussen, beispielsweise der Personalmangel in den Krankenhäusern aufgrund der Arbeitsbedingungen oder der schlechten Bezahlung. Einfache Lösungen gibt es auch hier nicht, jedoch wäre es für alle Player erleichternd, wenn in den Notaufnahmen der Krankenhäuser Patienten abgewiesen werden dürften, deren Erkrankung keinen Notfall darstellt. Diese Art der »Triage« wurde schon diskutiert, der Gesetzgeber konnte sich jedoch bisher noch nicht dazu durchringen, dies so festzuschreiben. Hier darf man auf die Zukunft hoffen.

Andere Viertel, andere Sitten?

Thomas, 30 Jahre alt, Rettungsdienstler:

Ich bin eine Zeit lang in einem Wachgebiet im Zentrum einer Großstadt gefahren, das ähnliche Hotspots wie Harlem hat, aber dennoch um einiges vielseitiger ist. Beispielsweise beinhaltete »mein« Viertel eine der größten Wasserfahrtstraßen. Das bedeutet, man hatte hin und wieder Einsätze auf Passagier- und Frachtschiffen. Der Hauptbahnhof zählte mit zu diesem Wachgebiet, die Altstadt sowie die größte Partymeile der Stadt. Dadurch sind alle Bevölkerungsgruppen vertreten gewesen. Klar gab es auch in diesem Gebiet sehr viele Obdachlose, die ernsthaft krank waren und versorgt werden mussten, man kam allerdings ebenso regelmäßig in Kontakt mit Touristen und jeder anderen Personengruppe. Man könnte meinen, Einsatzkräfte liefen hier vielleicht weniger Gefahr, sich gegen ihr Gebiet zu radikalisieren, aber ehrlich gesagt besteht das Problem trotzdem, und das liegt einfach daran, dass auch hier das Personal völlig verbrannt wird. Wenn du für einen Leistungserbringer tätig bist und sechzig Stunden die Woche arbeitest, also fünf Dienste pro Woche schiebst, bist du nur am Hustlen. Es gab Tage, speziell an den Wochenenden, wenn die Stadt im Zentrum überläuft mit Menschen, da kam ich nur zum – sorry, dass ich das so sage – Fressen und Sch… auf die Wache. Während solcher Schichten war jeder von uns froh, wenn er nicht auf irgendeiner öffentlichen Toilette oder dem Besucherklo im Krankenhaus sein Geschäft verrichten musste, weil keine Sekunden Luft für simpelste körperliche Bedürfnisse blieben. Irgendwann brennt jeder unter solchen Arbeitsbedingungen aus. Ich war zumindest so frustriert, dass ich kaum einen kühlen Kopf bewahren konnte, wenn mir mein Gegenüber auch noch seinen persönlichen Frust entgegenbrachte. Der eigene Frust potenziert sich dann mit dem der Patienten oder deren Angehörigen – manchmal tatsächlich und leider bis zur Eskalation. Ich nenne das veranschaulichend gerne eine symmetrische Eskalation: Man geht auf das ein, was einem das Gegenüber bietet, und schaukelt sich hoch. Wenn die Person, die einen gerufen hatte, einen schon völlig angepisst mit den Worten »Wird ja auch Zeit!« begrüßte, schaffte man es nach dem zehnten Einsatz dieser Art einfach nicht mehr, nett und freundlich zu bleiben. Zum Ende meiner Einsatzzeit hin ist mir aufgefallen, dass ich auf einmal so war, wie ich nie sein wollte. Ich dachte mir oft: Eigentlich bin ich doch ein netter Typ. Was ist mit mir passiert? Meine Art ist es, freundlich und immer gut drauf zu sein – am Schluss war ich das nicht mehr. Wenn ich meine Erfahrungen rückwirkend einschätze, würde ich sagen, dieses Einsatzgebiet ist vielleicht »ganz sinnvoll« für all diejenigen, die noch ganz neu in dem Job sind, noch Energie haben und viel Berufserfahrung sammeln wollen und sollten. Auf Dauer jedoch sehe ich dieses Wachgebiet nicht als Arbeitsumfeld, in dem man gesund bleiben kann. Überbelastung, die zur Frustration führt, ist hier einfach vorprogrammiert, denn den Arbeitgeber juckt es tatsächlich nicht, wie es den Einsatzkräften hier geht.

Klagen als Stressregulator

Viele Kollegen beklagen dieses Ausgebranntsein, die wahnsinnige Belastung, häufige und lange Dienste, ein Arbeitspensum, das innerhalb einer Schicht kaum zu bewältigen ist, wenig Wertschätzung bei hohem Stresslevel. Das hört man nicht nur aus dem Rettungsdienst, sondern auch aus sämtlichen anderen medizinischen und sozialen Berufen. Wie kann man also entstressen? Nicht immer ist es möglich, das Einsatzgebiet zu wechseln oder die Stunden zu reduzieren, auch wenn diese beiden Punkte oftmals die ersten Gedanken sind, die aufkommen, wenn man sich völlig überlastet nur noch im Fluchtmodus befindet.

Dr. Peter Neudeck, Verhaltenstherapeut in Köln:

Ergebnisse wissenschaftlicher Studien zum Stresserleben von Rettungssanitätern zeigen, dass zirka 20 Prozent der untersuchten Rettungsassistenten unter Burn-out-Symptomen leiden. Besonders diese ausgebrannten Kollegen fühlen sich in ihrer Arbeit überfordert und nehmen Anforderungen wie Zeitdruck, hohe Einsatzfrequenz oder Umgang mit Angehörigen als sehr belastend wahr. Sie leiden häufiger unter körperlichen Beschwerden und haben ein erhöhtes Risiko für posttraumatische Symptome durch belastende Einsätze. Dabei spielen jedoch auch andere Faktoren mit, zum Beispiel, wie Menschen Stress erleben beziehungsweise wie sie damit umgehen. Nimmt man alles sehr persönlich und begegnet Stress eher mit einem emotionsorientierten Bewältigungsstil, kann dies den Umgang mit belastenden Situationen erschweren. Das individuelle Stresserleben ist aber auch davon abhängig, wie eine Person generell mit ihrem Leben und den Herausforderungen umgeht und ob sie sich zutraut, aus eigener Kraft Probleme bewältigen zu können (Selbstwirksamkeit). Ein geringes Zusammengehörigkeitsgefühl im Team und eine niedrige Selbstwirksamkeit stellen Risikofaktoren dar.

Es ist also wichtig, sich mit dem Thema »Stress im Rettungsdienst« näher zu beschäftigen.

Zuerst einmal bedeutet das, dass jeder, der diesen Beruf ausübt, sich immer wieder massivem, teils chronischem Stress aussetzt. Allein dafür gebührt dieser Berufsgruppe größter Respekt, denn Stress ist nicht durch eine angemessene Bezahlung abgegolten. Dafür müssen wir schon mehr tun.

Es gibt verschiedene stressreduzierende Maßnahmen, bei denen man eher von dem Begriff der Psychohygiene und der Selbstfürsorge ausgeht. Ich betrachte das Thema gern auf mehreren Ebenen. Auf der einfachen und sehr leicht umsetzbaren reden wir von sogenannten Stress Reducing Tools wie Bewegung und Sport, Entspannungsübungen oder Meditation. Tätigkeiten, die einen Ausgleich bieten.

Dann sind soziale Kontakte zu nennen, die Teilhabe an gesellschaftlichen Unternehmungen, wichtige, emotional bedeutsame Beziehungen – alles Dinge, die recht einfach umzusetzen sind. Diese eher allgemeinen Möglichkeiten eignen sich dazu, den ganz normalen Alltagsstress angemessen zu kompensieren.

Wird es spezifischer, gehen wir eine Stufe höher und befinden uns in dem Segment, wo der Stress schon ziemlich stark ist. Dabei ist es wichtig, sich erst mal damit zu beschäftigen, um herauszufinden, was den Stress in erster Linie ausmacht. Löst eine externe Situation den Stress aus oder mein Umgang damit?

Wenn es mein Umgang mit der Situation ist, geht es darum, die Regulation von Emotionalität, also von Gefühlen, herzustellen. Wie kann ich mit den Gefühlen, die durch meinen Chef, durch meine Kollegen oder durch Patienten während eines Einsatzes entstehen, und den damit verbundenen Zuständen besser umgehen? Dafür gibt es Emotionsregulations-Tools für kurzfristige Stressreduktion. Das kann beispielsweise ein einfaches, verhaltensbezogenes Aus-dem-Raum-Gehen, also das Entfernen aus der Situation, sein, anstatt zu schreien. Ein Wut-Thermometer, ein Ärger-Thermometer, auf dem es Grün, Gelb und Rot gibt, um herauszufiltern, wo der Point of no Return ist, hilft dabei. Hier geht es zuerst einmal um Beobachtung. Sich selbst in extremen Belastungssituationen besser kennenzulernen, erleichtert, die eigene Reaktion besser einzuschätzen. Dies ist eine Voraussetzung für das sinnvolle Einsetzen dieser kurzfristigen Strategien. Dabei gilt es, herauszufinden, ab wann ich keine Kontrolle mehr über mein Verhalten habe und welche Anzeichen sich vorab zeigen. Gibt es Signale in der Umwelt und/oder bei mir, die bei einer solchen Eskalation immer wieder auftreten? Gibt es bestimmte Muster, die immer wiederkehren (der berühmte Knopf, den man drücken muss, um »hochzugehen«)? Es stellt sich außerdem die Frage: Was kann ich vorher tun, damit ich diesen Punkt erst gar nicht erreiche? Und was kann ich tun, wenn der Punkt erreicht ist und ich »on fire« bin? Wie kann ich mich möglicherweise vorher anders verhalten?

(Übrigens: Auch Jammern und Klagen ist ein Ventil zum Stressabbau beziehungsweise ein Vorgang, über den unsere

Psyche versucht, unsere Emotionen zu regulieren.) Es gibt noch viele andere Tools im Zusammenhang mit der eigenen Regulierung wie beispielsweise das Kauen auf Pfefferkörnern, um den Wutschrei umzulenken.

Wenn es sich um externe Stresssituationen handelt, dann geht es viel um den Begriff der Akzeptanz. Gerade in Settings wie dem Rettungsdienstalltag oder im Krankenhaus kann man noch so ein ausgeglichener Yogi-Bär sein, da wird man einfach durch externe Faktoren situativ dermaßen stark unter Stress gesetzt, dass man sich in der Situation selbst gar nicht mehr wehren kann. Die Bereitschaft, auch unangenehme Gefühle anzunehmen, trägt langfristig zum Schutz der psychischen und körperlichen Gesundheit bei. Tatsächlich identifizierten wissenschaftliche Studien die Neigung zur Akzeptanz unangenehmer Gefühle als potenziellen Schutzfaktor für die Gesundheit im Rettungsdienst und in anderen traumaexponierten Berufen.

In Stresssituationen reagiert unser Organismus außerdem automatisch mithilfe des Stressadaptationsniveaus. Unser Organismus passt sich einer Belastung an, und zwar in einer aufsteigenden Kurve, gemäß dem Stressadaptionsmodell, das der Physiologe Hans Selye entwickelt hat. Bei Stress, insbesondere immer wieder auftretendem und langanhaltendem, kommt es zu einer Stressreaktion, die in Form einer Abfolge von drei Stadien beschrieben werden kann. Dieses Stressmodell wird als das allgemeine Anpassungssyndrom (Adaptationssyndrom, »AAS«) bezeichnet. Auf die Wahrnehmung und Bewertung eines Reizes als Stressor erfolgt zunächst einmal eine Anpassungsreaktion des Körpers auf den verschiedenen Ebenen. In der ersten Phase, der Alarmphase, werden Stresshormone (Cortisol) ausgeschüttet, die Physiologie des Körpers passt sich den Herausforderungen an. In der zweiten Phase, der Resistenz, wirken die psychologischen Bewältigungs- und Anpassungsstrategien. Treten dann weitere (neue) Stressreize auf, wächst das Erregungsniveau immer weiter und es kommt schließlich zur dritten Phase: der Erschöpfung. In dieser Phase ist der Organismus am anfälligsten für negative Wirkungen des Stressors. Es kommt also darauf an, wie in der Anpassungsphase mit welchen Bewältigungsstrategien (auch Coping-Strategien genannt) reagiert wird. Dabei gibt es verschiedene Strategien, man unterscheidet zwischen adaptiven (geeigneten) und maladaptiven (nicht geeigneten) Strategien.

Menschen unterscheiden sich also in ihren Stressbewältigungsstrategien. Wo der eine in Panik gerät, läuft ein anderer gerade zur Hochform auf. Das mag aber auch daran liegen, dass er maladaptive Strategien einsetzt, um die Belastung zu reduzieren. Zu den maladaptiven Strategien gehört das Unterdrücken von Gefühlen, das Grübeln, das Vermeiden von Gefühlen und affektiv-physiologischen Zuständen. Diese Strategien helfen vielleicht kurzfristig, gehen aber mit erhöhtem beruflichem Stresserleben und stärkeren depressiven, posttraumatischen und körperlichen Belastungssymptomen einher. Eine Vielzahl von Studien weist auf Zusammenhänge zwischen maladaptiven Emotionsregulationsstrategien und negativen Belastungsfolgen hin.

Die eigentliche Stressreaktion oder der Part daran, der für den Organismus gefährlich werden kann, kommt somit nicht nur während, sondern häufig erst im Anschluss an die Stresssituation zum Tragen. Während dieser reagieren wir einfach. Wir stellen uns nicht hin und sagen: Oh, Blut! Was macht dieser Anblick mit mir? Sondern wir handeln. Wenn der Stressor selbst weg ist oder abnimmt, dann ist der Organismus in einem Zustand, den man mit einem Rennwagen vergleichen kann, aus dem der Fahrer nach 60 Runden bei der Formel 1 aussteigt, aber den Motor noch laufen lässt. Der Motor heizt voll weiter, fährt allerdings nirgendwo hin. Das geschieht in der Erschöpfungsphase, und es kann durch die reduzierte Aktivität des Immunsystems (das Stresshormon Cortisol wirkt auf das Immunsystem, indem es dessen Reaktion herunterfährt) zu inflammatorischen Prozessen führen, zu Entzündungen im Körper. An diesem Punkt der Stresskurve begegnen wir gerne mal den allseits bekannten Entlastungserkältungen, denn im Nachhinein kommt das Stresserleben erst richtig zum Vorschein. Auch dort können wir ansetzen und dafür sorgen, dass wir nicht gleich von 100 auf null runterfahren, sondern uns langsam in einen Erholungsprozess begeben. Wichtig ist, dass wir uns mit angenehmen Tätigkeiten runterbringen. Darüber reden, uns debriefen – das sind psychologische Tools, die im Nachgang angebracht sind. Schöne Unternehmungen mit dem Partner, mit Freunden. Gewiss auch mal mit den Kumpels nach dem Dienst ein Bier trinken gehen oder einen Wein mit der Freundin. Natürlich sollte es dabei nicht darum gehen, sich mit Alkohol zu betäuben, bloß nicht. Der Genuss sollte im Vordergrund stehen. Das kann ein leckeres Essen sein, ganz egal. Aber Genuss ist ganz wichtig. Denn wenn man nicht genießt, dann vergisst man, wie genussvoll das Leben sein kann. Genuss zeigt auch unseren Respekt und unsere Wertschätzung gegenüber uns selbst.

Schuld ist nicht das Exponat!

Ich denke, es liegt vor allem an der wiederkehrenden, immer gleichen Problematik beziehungsweise Situation, dass man irgendwann die Nase vom eigenen Einsatzgebiet voll hat. In Gebieten, die einen hohen Migrantenanteil haben, sind es somit all die Probleme und Themen, die beispielsweise rund um Sprachbarriere und kulturelle Unterschiede aufkommen. Picke ich mir jetzt als anderes Beispiel eine gut betuchte Gegend heraus, radikalisiert man sich höchstwahrscheinlich irgendwann gegen die Menschen, die ihre Nase zu weit oben tragen, oder ist genervt, weil man es öfter mal mit abgehobenen Hausärzten zu tun hat, die uns nur als »Transporteure« ohne medizinische Qualifikation sehen und Übergaben grundsätzlich nur an Notärzte machen. Wenn man jede Schicht in ein Altenheim zum selben Sturz fährt, dann ist man nach sechs Monaten vermutlich genervt, wenn dieses Altenheim und dasselbe Meldebild auf dem Melder stehen. Beispiele wie diese könnte ich endlos finden, und was ich damit zu erklären versuche, ist, dass nicht das »Exponat« relevant ist, sondern vielmehr die Häufigkeit, mit der man damit konfrontiert wird. Sobald man jedoch nicht mehr in dem jeweiligen Einsatzgebiet unterwegs ist, und das kann ich aus eigener Erfahrung sagen, fällt der Frust von einem ab. Ich beschreibe das Abfallen des Frusts gerne wie die Häutung einer Schlange. Man streift die alten Erfahrungen ab. Es dauert, bis sich die nächste Haut ausbildet, und ebenso dauert es eine Weile, bis neue prägende Erfahrungen unter die Haut gehen.

In meinem neuen Einsatzgebiet gibt es auch einen kleinen Teil, der mich ein bisschen an Harlem erinnert. Dort bin ich vielleicht alle zehn Schichten einmal. Und ich bemerke, dass es überhaupt gar kein Problem für mich ist. Persönlich bin ich deshalb der Meinung, dass man Einsatzkräfte in Brennpunktbereichen vor einer zu langen Exposition schützen muss. Egal, wie standfest ein Sanitäter ist. Irgendwann werden die Erfahrungen ihn sonst brechen.

Alles eine Frage der Einstellung?

Es war auf einer Messe, als ich Phillipp (Feuerwehrmann und Notfallsanitäter) kennenlernte. Wir kamen ins Gespräch über unsere Wachgebiete, und es hat sich schnell herauskristallisiert, dass Phillipp auch in einem Brennpunkt fährt, der vermutlich Harlem noch toppen dürfte. Bei allem, was er mir erzählte, schien das nicht abwegig. Trotzdem ist mir etwas aufgefallen, worin sich Phillipps Erzählungen von den meisten anderen stark unterschieden. Phillipp hat eine wahnsinnig entspannte und positive Art. Wo viele Kollegen im Laufe der Jahre ihre Zufriedenheit verlieren, scheint er die Freude an seiner Arbeit behalten zu haben, und das ganz speziell in den Einsatzgebieten, die ihm so richtig was abverlangen.

Phillipp über seine Einsätze im Brennpunktviertel Neukölln, darüber, wieso er Notfallsanitäter mit Herz und Seele ist und wie er es schafft, dabei psychisch gesund zu bleiben:

Eins vorab: Neukölln ist mein Herzensviertel, auch wenn sich das jetzt vielleicht unpassend romantisch anhört. Aktuell fahre ich leider nicht mehr in diesem Bezirk, da ich auf einer anderen Feuerwache aushelfe, aber ich vermisse den Trubel und die Leute wahnsinnig, und wenn ich es mir aussuchen könnte, wäre ich mit einem Fingerschnipsen wieder auf meinem Rettungswagen in den Straßen von Berlins innerstädtischem Süden unterwegs. Aber fangen wir doch mal von vorne an: Los ging es für mich 2012 mit der Ausbildung zum Feuerwehrmann und Rettungssanitäter. Innerhalb von zwei Jahren leistete ich verschiedene Praktika auf unterschiedlichen Feuerwachen ab. So lernte ich zum ersten Mal Neukölln kennen und mochte sofort alles dort: die Leute, die Kollegen und dass es ständig etwas zu tun gab. Überhaupt gefiel mir die innerstädtische Geschäftigkeit. Nach der Ausbildung ging es 2014 für mich aber erst mal auf die Feuerwache Treptow, die weiter außerhalb liegt. Dort habe ich in den ersten Diensten auf dem RTW gemerkt, dass mir die Ausbildung als Rettungssanitäter nicht reicht und ich mich zum Rettungsassistenten weiterbilden wollte, um mehr Verantwortung übernehmen zu können. Damals war es möglich, die Ausbildung von zwei Jahren auf sechs Monate zu verkürzen. Bevor ich dieses Thema weiter verfolgte, habe ich jedoch erst einige Jahre Erfahrung auf der Wache Treptow gesammelt und nach einer Beförderung schließlich erneut versucht, in die Innenstadt zu wechseln. Im Süden von Berlin kamen drei Wachen für mich in Frage: Friedrichshain, Urban und eben Neukölln. Trotz meiner Bestrebungen ging es für mich bei nächsten Versetzung erst mal zur Feuerwache Ranke. In der Zeit absolvierte ich die Ausbildung zum Notfallsanitäter und »stolperte« mal wieder über die Feuerwache Neukölln. Ich war in der 2. Wachabteilung eingesetzt und fand es traumhaft. Für mich war klar, ich möchte dauerhaft auf diese Wache und genau in diese Wachabteilung. Irgendwann hat es tatsächlich geklappt und ich wurde endlich nach Neukölln versetzt. Vielleicht erst einmal ein paar Worte zu dem Stadtviertel: Neukölln hat eine hohe Bevölkerungsdichte, ist angebunden an die Autobahn, es gibt Industrie und viel Wohngebiet. Das Viertel ist komplett durchmischt, es existiert ein großer Anteil an zugewanderten Menschen, die teilweise schon seit Generationen dort leben, aber es kommen auch stetig Neue dazu. Man hört viele Fremdsprachen, das Stadtbild ist durch ausländische Läden geprägt und es herrscht eine dementsprechende Mentalität. Wie in jedem Brennpunkt gibt es auch hier viele Probleme: Gewalt, Schmutz, mangelnde Hygiene, die Menschen haben wenig Aussicht auf gute Jobs und gute Bildung. Aber gleichzeitig herrscht auch ein lockeres Miteinander. Man kann aussprechen, was man denkt, und findet eigentlich meistens einen Zugang zu den Menschen.

An der Wache Neukölln ist von der Struktur her besonders, dass sie zwar im Zentrum liegt, aber eben einen Außenstützpunkt am Rand von Treptow besitzt, wo ich mich ja bereits auskannte. In Bohnsdorf herrscht das komplette Kontrastprogramm. Alles ist mit Einfamilienhäusern besiedelt, sehr deutsch geprägt, viel Grünfläche und es zeigt sich eine ganz andere Mentalität. Dadurch erlebte ich sehr kontrastreiche Einsätze, und wo manche Kollegen die Ruhe weiter draußen mochten, muss ich ganz klar sagen, ich war lieber mittendrin. In dem Zusammenhang ist es vielleicht interessant zu erfahren, dass Neukölln eine der dauerhaft am meisten belasteten Rettungswachen ist – auch mit vielen Bränden. Das heißt, flottenmäßig wartet die Wache mit dem ganzen Programm auf: zwei Löschfahrzeuge, Drehleiter, mehrere RTWs. Ich bin mindestens zwei Jahre in Folge auf dem RTW mit den meisten Alarmen gefahren, wir hatten über 6 000 Einsätze im Jahr. Das ist ein Haufen! Aber mich hat das total erfüllt! Klar, es gab wirklich viele Gewalttaten in diesem Bezirk, traumatische Verletzungen von Schlägereien mit Baseballschlägern, Messerstiche oder auch Schussverletzungen. Dementsprechend war mein Tätigkeitsbereich sehr viel mehr chirurgisch geprägt, als das normalerweise der Fall im Rettungsdienstalltag ist. Das hat mich persönlich sehr angesprochen, auch wenn ich das natürlich unter Vorbehalt sage. Man wünscht selbstverständlich keinem Menschen, dass solche Einsätze überhaupt nötig werden. Aber in Neukölln gehörte das eben zum Alltag. Überhaupt würde ich sagen, ganz egal, wo ich vorher war, Neukölln hat einfach immer noch mal eine Schippe obendrauf gepackt: An einem Einsatzort anzukommen, wo sich gerade eine Person vor deinen Augen aus dem Staub machen will und die nächste noch schnell versucht, irgendwas verschwinden zu lassen, war keine Seltenheit. Wir kamen auch schon mal zu einem Patienten, der blutüberströmt in seiner Wohnung lag, obwohl er erst kurz zuvor aus dem Krankenhaus entlassen worden war. In solchen Momenten denkt man sich nur: Hä, was ist jetzt hier wieder los? Nach langem Befragen mit Händen und Füßen erfuhren wir dann, dass sein Bauch mit einem Messer aufgeschlitzt worden war, er im Krankenhaus, krass gesagt, »zusammengeflickt« worden war und es schließlich irgendwie wieder nach Hause geschafft hatte. Wie es ihm gelungen war, in diesem Zustand aus dem Krankenhaus »zu entkommen« oder wer sein Angreifer gewesen war, erfuhren wir nie. Ja, das ist Neukölln. Neukölln ist einfach alles, was abgedreht und völlig drüber ist: In der Innenstadt mit 70 Stundenkilometern gegen den nächsten Brückenpfeiler fahren? Auch das ist Neukölln. Wo ich vorher in sieben Jahren keinen einzigen Einsatz wegen eines überschlagenen Fahrzeugs gehabt hatte, hatte ich in Neukölln in einem Jahr zwei.

Das klingt jetzt wahrscheinlich alles erst mal ziemlich viel und heftig, wenn man das so auf einen Schlag hört, aber es gab natürlich auch weniger krasse und eher skurrile Einsätze wie die klassischen Sexunfälle, bei denen irgendwelche »Spielzeuge« nicht mehr aus diversen Körperöffnungen herauskommen wollten, oder eben diese klassischen »unnötigen« Einsätze, wie mancher salopp gern sagt, wenn wir zu einem Schnupfen gerufen werden.

Zwischen den Einsätzen atmete man kaum durch, in Neukölln war immer was zu tun, darum war es wichtig, Wege zu finden, um auch auf die eigene Gesundheit aufzupassen und nicht »nur« auf die der Patienten. Für mich spielen zum Thema psychische Stärke und Balance in meinem Joballtag mehrere Faktoren zusammen: Grundsätzlich bin ich ein sehr positiver Mensch. Ich versuche, an jedem Einsatz etwas »Gutes« zu finden. Dieses »Gute« kann die unterschiedlichsten Farben und Formen haben. Im Idealfall haben wir einen Patienten gut versorgt. Es gibt aber natürlich auch Einsätze, da war im Nachhinein der spektakuläre Einsatzort vielleicht »das Beste« daran. Trotzdem versuche ich ganz bewusst, alles so gut wie möglich zu machen. Denn das steigert die Qualität eines Einsatzes. Wenn ich die Maßnahmen anwende, die mir zur Verfügung stehen, gewinnt der Patient genau wie ich. Man kann diesen Job auf zwei Arten machen: Man kann zu einem Einsatz gerufen werden, feststellen, dass der Patient schon seit 20 Tagen immer wieder über Bauchschmerzen klagt, und sagen: Jo, die kann er jetzt auch noch aushalten, bis wir ihn ins Krankenhaus gefahren haben. Schließlich könnte man sich dann die ganze Fahrt darüber aufregen, zu einem »unnötigen« Einsatz gerufen worden zu sein. Oder man legt einen Zugang, gibt Medikamente und nimmt dem Patienten erst mal die Schmerzen. Meine Erfahrung ist es, dass der Arbeitsalltag davon profitiert, wenn ich meine Patienten adäquat behandele. Ich muss dazu sagen, das war für mich schon seit meiner Ausbildung vor zwölf Jahren der Grund, wieso ich mich stetig weitergebildet habe. Mir ist es einfach wichtig, Entscheidungen treffen zu können und Verantwortung zu übernehmen. Vielleicht kurz zur Erklärung, um die möglichen Ausbildungen im Rettungswesen zu verstehen: Der Rettungssanitäter ist der Maschinist, also der Fahrer eines Rettungswagens oder der Verantwortliche auf dem KTW, der Rettungsassistent (in der Regel mit zweijähriger Ausbildung) darf bestimmte Notfallmedikamente geben und auf dem Rettungswagen Entscheidungen treffen, und der Notfallsanitäter mit dreijähriger Ausbildung ist befugt, heilkundliche Maßnahmen durchzuführen, und hat die Verantwortung auf dem Rettungswagen. Ich habe die Ausbildung zum Notfallsanitäter 2020 gemacht. Das ist übrigens die höchste nicht ärztliche medizinische Ausbildung, die es in Deutschland gibt. Für mich war das genau der richtige Schritt, denn meine Motivation ist proportional zu meinen Qualifikationen gestiegen. Mehr Entscheidungsgewalt zu haben, trägt für mich massiv zu einem erfüllteren Arbeitsalltag bei. Zu wissen, ich kann nach meinem Ermessen Menschen helfen und muss nicht auf Basis der Entscheidungen passiverer Kollegen arbeiten, hat die Qualität der Einsätze extrem gesteigert. Man sollte sich und was man leisten kann nicht unter Wert verkaufen. Dann macht der Beruf richtig viel Spaß. Das motiviert mich ungemein und ebenfalls die Kollegen. Ich versuche immer, für alle ein Gewinn zu sein und beispielsweise auch mal im Zweierteam abzuwechseln, indem ich mal der Fahrer bin und der Kollege in der Entscheidungsposition ist beziehungsweise wir Entscheidungen als Team treffen. Ein kollegiales Miteinander und gute Kommunikation helfen gegen Frust. Nicht nur im Team, sondern auch mit den Patienten. In dem Zusammenhang würde ich gern noch mal Neukölln als Beispiel heranziehen: Ich hatte immer das Gefühl, mit den Leuten dort recht offen sprechen zu können. Gerade wenn die Einschätzung der Patienten oder der Angehörigen von unserer abwichen. Niemand schrieb einem da eine Beschwerde, wenn man sagte: »Hör mal, ein Schnupfen ist nun wirklich nichts für den Rettungsdienst. Damit kannst du zum Hausarzt gehen.« Das bedeutet nicht, dass wir die Patienten im Anschluss an solch ein Gespräch stehen gelassen hätten, nein, natürlich haben wir sie versorgt, aber es macht schon einen Unterschied, wenn man den Frust nicht immer nur in sich hineinfrisst. Natürlich waren viele Leute in dem Bezirk ein bisschen auf Krawall gebürstet, doch sobald man ihnen die Lage normal erklärt hat, haben sie sich auch meistens wieder beruhigt. Kommunikation ist der Schlüssel.

Viel reden über das, was man erlebt, hilft mir grundsätzlich sehr. Privat ging das irgendwann nicht mehr so einfach, weil ich gemerkt habe, die Leute können es nicht mehr hören. Aber ich habe ein anderes Ventil gefunden. Auf meinem Instagram-Kanal Berliner.Retterherz habe ich vor ein paar Jahren angefangen, über meine Einsätze zu berichten. Über meinen Arbeitsalltag zu schreiben und das Erlebte auf diese Weise Revue passieren zu lassen, hat den totalen Therapieeffekt und noch dazu richtig Anklang gefunden. Ich glaube, dadurch, dass ich meine Rettungseinsätze sehr gut abarbeite und immer 112 Prozent gebe – wie wir unter uns Kollegen gern sagen, wegen der Parallele zur Notrufnummer –, kann ich mir auch mal erlauben, über etwas zu sprechen, das vielleicht schiefgegangen oder nicht so gut gelaufen ist. Perfekt läuft es in einem Job mit derart vielen Variablen ohnehin selten. Aber ich finde es spannend, dass ich den Leuten auf diesem Weg so viel Einblick in den Rettungsalltag geben kann, und ich hoffe natürlich, dass ich Kollegen mit der Art, wie ich die Dinge anpacke, motivieren kann oder, wie man so schön sagt, mit gutem Beispiel vorangehe.

Was das angeht, versuche ich auch, meinen Kollegen so viele Einsätze wie möglich »wegzufahren«. Und am Ende der Schicht gibt es ein gutes Gefühl, wenn man sieht, wie viel man doch leisten kann. Keine Frage, zwölf Stunden durchballern, das kann man nicht jahrelang machen und überhaupt hat ja jeder Mensch eine andere Belastungsgrenze. Ich spreche nur für mich, wenn ich sage, ich mag es einfach, wenn was los ist, und ich merke, dass ich mit meinem Mindset und meiner Arbeitsweise prima fahre. Das melden mir auch die Kollegen zurück, indem sie gern mit mir im Einsatz sind.

Welcher Retter bin ich?

Kühle Professionalität, emotionale Quasselstrippe, Rettungs-Rambo – was für eine Art von Rettungssanitäter bin ich eigentlich? Während der zehn Jahre, die ich nun im Rettungsdienst unterwegs bin, habe ich viele verschiedene Kollegen bei ihrer Arbeit beobachten dürfen und mir ist aufgefallen: Jeder macht sie anders. Das kann bedeuten, dass sich ein Team wunderbar ergänzt, sofern die Chemie stimmt, oder, dass sich einzelne Kollegen auch mal mächtig auf den Keks gehen. So oder so, in jedem Fall birgt die bunt zusammengewürfelte Kombination aus unterschiedlichen Menschen Herausforderungen. Insbesondere wenn man mit unbekannten Kollegen fährt und sich immer wieder neu auf sein Gegenüber einstellen muss. Beim Rettungsdienst ist es nicht wie beispielsweise bei der Luftfahrt, wo durch diverse psychologische Eignungsuntersuchungen ein bestimmter Typ Mensch herausgefiltert wird, der mit Gleichgesinnten gut harmoniert. Im Rettungsdienst finden wir sehr heterogene und teils polarisierende Charaktere, die mitunter gar nicht miteinander funktionieren. Teilweise sollte hier vielleicht auch Selbstkritik geübt werden und die Frage in den Raum geworfen werden dürfen, ob wir manche Leute zu den Patienten schicken sollten.

Auf jeder Wache, die ich während meiner Laufbahn kennengelernt habe, kamen durch die »Unverträglichkeit« bestimmter Charaktere sogenannte No-go-Konstellationen zustande, die der Dienstplaner berücksichtigen musste. No-go-Konstellationen sind Teams aus Personen, die nicht miteinander fahren wollen, weil sie es nicht schaffen würden, ihre persönlichen Meinungen und Vorbehalte für zwölf Stunden hintanzustellen.

Ich erinnere mich an zwei Kollegen, die sich in die Haare bekommen haben, weil Kollege A nicht mit dem angeblich sehr rasanten Fahrstil von Kollege B einverstanden war. Gegipfelt haben viele kleine und größere Zankereien darin, dass Kollege B eines Tages wutentbrannt in die Wache hineinstürmte und aufgebracht schrie, dass Kollege A ihn absichtlich beinahe umgefahren hätte. Angeblich wäre Kollege A mit provokativ hoher Geschwindigkeit über den Hof gerast, hätte absichtlich auf Kollege B draufgehalten und erst in allerletzter Sekunde gestoppt. Kollege A kommentierte dies mit: »Ich wickele dir gleich die Schneeketten um den Hals!«

Als wären zwei Streithähne nicht genug, hatte sich Kollege A zusätzlich noch mit Kollege C in der Wolle. Bei einer Übergabe kam es aus mir nicht bekannten Gründen zu einem kurzen Wortgefecht, in dem Kollege C dem Kollegen A hinterherrief: »Komm gut nach Hause, ich hoffe, du fährst gegen den nächsten Betonpfeiler!« Das ist starker Tobak und zeigt deutlich, wie sinnvoll es wäre, auch für den Rettungsdienst eine psychologische Eignung einzuführen.

Natürlich habe auch ich Kollegen, mit denen ich lieber fahre, und welche, mit denen ich weniger gerne eingeteilt bin. Jedoch wäre ich bisher nie auf die Idee gekommen, zu meinem Vorgesetzten zu gehen und mir explizit zu wünschen, mit einer bestimmten Person nicht eingeplant zu werden. Das ist aus meiner Sicht unprofessionell und Unprofessionalität hat auf der Arbeit nichts verloren. Als viel sinnvoller erachte ich es, Strategien zu entwickeln, um mit gewissen Charakteren trotz allem den Tag zu überstehen, ohne dass dabei einer aus dem Team oder ein Patient zu Schaden kommt.

Immer schön cool bleiben

Mich selbst im Einsatz zu beschreiben, fällt mir schwer, aber ich kann zumindest darstellen, welches Ideal mir vorschwebt: Ich möchte wenig nahbar sein und eine kühle Professionalität an den Tag legen. Ganz bewusst möchte ich für den Patienten keine allzu wohlige Atmosphäre erzeugen, sondern durch mein Auftreten vermitteln, dass sich hier gerade ein Einsatzfahrzeug mit Blaulicht innerhalb von zwei Minuten auf den Weg gemacht hat, um in sechs Minuten Fahrtzeit vor Ort zu sein. Denn es gibt eben Patienten, die einem schon mit einem Lächeln auf dem Gesicht die Tür öffnen, das verrät: Sooo schlimm ist es gar nicht! Der eine oder andere Patient bestätigt diese Vermutung, indem er uns mit den Worten begrüßt: »Ach, Sie sind jetzt mit Blaulicht gekommen?«

In den ersten Minuten versuche ich somit, sehr unempfänglich für kleine Witze zu sein, mit denen manche Menschen versuchen, die Stimmung aufzulockern. Ich bemühe mich darum, die Informationen sehr neutral aufzunehmen und eine distanzierte Außenwirkung zu erzeugen. Die Message, die ich damit vermitteln möchte, ist: Wenn Sie eine halbe Stunde erzählen möchten, dann gucken Sie, ob Ihr Apotheker gerade etwas Zeit hat, wenn es um die Wurst geht, alarmieren Sie uns. Zumindest ist es das, was ich mir unter einem Prozess vorstelle, für den europaweit eine einheitliche Notrufnummer gilt und in dem jeder Schritt, beginnend mit der Priorisierung im Telefonnetz über die Notrufabfrage bis hin zu unserer Abfahrt, nur auf Geschwindigkeit gedrillt ist: dass Profis kommen, die schnell antizipieren und ebenso schnell die richtigen Entscheidungen treffen. Wenn wir also wieder weg sind und der Patient nach seiner Erfahrung gefragt wird, dann soll er weder sagen, dass wir unfreundlich waren, noch so cool, dass er am liebsten direkt mit uns einen trinken gehen wollte, sondern einfach nur: »Schnell und professionell.«

Die Empathie-Überdosis

Es gibt Einsätze, die eine besondere Empathie erfordern, aber auch hier ist aus meiner Sicht Vorsicht geboten, insbesondere, wenn es sich um psychisch labile Patienten handelt. Ich unterscheide für mich in eine professionelle Empathie, die klare Grenzen kennt und ein Ziel vor Augen hat, und in persönliche Empathie, die einen mitunter schnell zum besten Freund des Patienten macht. Insbesondere Letzteres ist nicht zu unterschätzen. Ich kann mich an eine High-Frequency-Userin in Harlem erinnern, die wir mehrfach im Monat transportiert haben. Es war immer das gleiche Spiel: Sie lag mäßig alkoholisiert auf der Straße, so platziert, dass auf jeden Fall jemand über sie stolperte und den Notruf wählte. Also kamen wir angerauscht.

»Du bist's ja schon wieder!«

»Ja, ich schon wieder ...«, grüßte sie meist mit schwerer Zunge zurück.

Oftmals kam parallel mit uns auch die Polizei dort an, und es galt, abzuwägen, ob sie zur Ausnüchterung mit auf die Wache genommen werden sollte oder ob sie wegen ihres hohen Alkoholpegels in der Notaufnahme besser aufgehoben wäre. Wann immer wir uns darauf verständigten, sie in die Notaufnahme zu fahren, vergingen meist keine dreißig Minuten, und wir wurden in gleicher Konstellation erneut zu dieser Patientin alarmiert, die am Kreisel vor der Notaufnahme wieder auf der Straße lag. Beim zweiten Mal übernahm dann die Polizei.

Ich persönlich hatte den Eindruck, dass diese Patientin unter Alkoholeinfluss »vorsätzlich« Kontakt zu uns suchte, weil ich an ihr eine gewisse Affinität zum Rettungsdienst beobachtete. Sie trug manchmal Stiefel, die zu unserer Arbeitsmontur gehören, und ich fand irgendwann heraus, dass sie wohl auch locker mit jemandem zusammen war, der ebenfalls beim Rettungsdienst arbeitete. Eine Kollegin von mir wollte herausfinden, welche Gründe noch hinter ihrem Verhalten stecken konnten, und startete einmal auf der Fahrt ins Krankenhaus ein empathisches Gespräch über das Leben und seinen Verlauf. Im Zuge dessen stellte sie sich der Patientin mit ihrem Vornamen vor. Diese klagte meiner Kollegin Lena ausführlich ihr Leid. Lena zeigte sich empathisch und berichtete ihr auch von persönlichen Erfahrungen, die der Patientin als Parallele dienen sollten, um nachzuvollziehen, dass es nicht immer gleich nach ganz unten gehen muss. So weit, so gut.

Allerdings begrüßte die Patientin – wie immer angeheitert – schon beim nächsten Einsatz meine Kollegin mit: »Ah, die Lena! Na, wie war's denn im Spanienurlaub?«

Lena war das sichtlich total unangenehm, und es stellte sich rasch heraus, dass die Patientin auf Facebook nach Lena gesucht und entsprechende Informationen gefunden hatte.

Genau aus diesem Grund übe ich mich in Zurückhaltung und habe auch immer nur sehr ungern Namensschilder getragen. Mein Name hat mit meiner Tätigkeit im Grunde nichts zu tun, denn diese übe ich als Rettungssanitäter aus und nicht als Luis Teichmann. Über Einsatznummern, Fahrzeugkennung und Dienstpläne lässt sich immer der Name der Besatzung im Falle von Lob und Tadel nachvollziehen. In akuten Notfällen, aber vor allem in einigen (skurrilen oder gar gefährlichen) Situationen, in die wir besonders häufig in Brennpunktvierteln hineingeraten, halte ich eine gewisse Anonymität sogar für sinnvoller.

Reden ist Silber ...

Andere Fälle von »too much information« ergeben sich nicht nur durch zu viel ausgelebte Empathie, sondern auch durch diesen »Typ Kollege«, der immer gerne seine persönliche Meinung zu allem und jedem kundtut und im Zuge dessen schon mal die Grenzen seiner Kompetenz überschreitet. *Reden ist Silber, Schweigen ist Gold* passt wohl selten besser als bei uns und doch ist dieses »Motto« bei einigen Kollegen leider nicht gängige Praxis. Das startet beim morgendlichen Kaffee, wenn über Gott und die Welt philosophiert wird und der Kern eines jeden Gesprächs ist: Alle sind blöd, aber wenn man einfach mal einen Rettungsdienstler fragen würde, dann wäre allen geholfen ...

Wenn ich mich in einem Bereich als nicht qualifiziert sehe und bevor ich mit Halbwahrheiten hausieren gehe, versuche ich eigentlich immer zu antworten: »Keine Ahnung, das überschreitet meine Kompetenz.« Eine unbedachte Aussage kann einem schnell mal um die Ohren fliegen. Und das ist auch genau der Punkt, an dem die Kollegen vom Typ Quasselstrippe Schwierigkeiten verursachen – sobald sie die morgendliche Kaffeeküche verlassen.

Ich kann mich an einen Einsatz erinnern, bei dem wir mit Notarzt zu einer *psychischen Entgleisung* gerufen wurden. Wir fuhren in die Zielstraße, eine Hauptverkehrsstraße, die zu beiden Seiten von Wald umgeben war, und wunderten uns darüber, dass die Straße gänzlich von der Polizei gesperrt worden war. Sogar mehrere Blaulichtfahrzeuge, die sich als Fahrzeuge der Rettungshundestaffel entpuppten, waren vor Ort. Niemand hatte uns vorab über diese besondere Lage informiert, anscheinend hatte die Leitstelle auch nichts davon gewusst. Zum Zeitpunkt unseres Eintreffens war es ungefähr 16:00 Uhr, und es stellte sich heraus, dass diese Situation bereits seit 11:00 Uhr am Vormittag bestand. Umgehend kam ein Polizist auf uns zu und informierte den Notarzt, dass er einen Totenschein für eine Leiche im Wald ausfüllen müsse. Dies führte bei uns zu noch mehr Irritation, da wir nicht nachvollziehen konnten, wie wir von der Meldung *psychische Entgleisung* zu *Totenschein* kamen. Die Geschichte löste sich wie folgt auf: Eine Frau hatte am Morgen einen Abschiedsbrief von ihrem Ehemann gefunden, in dem er kommunizierte, dass er sich im Wald das Leben nehmen wolle. Daraufhin alarmierte die Ehefrau die Polizei, die die Einsatzstelle anfuhr. Dort fanden sie das Rad des Ehemanns, das an einer Laterne angeschlossen war. Da die Polizei im ersten Versuch selbst keinen Erfolg hatte, ihn aufzuspüren, alarmierte sie die Rettungshundestaffel und präventiv auch einen Rettungswagen. Dies war gegen 12:00 Uhr. Die Kollegen vom Rettungswagen betreuten die aufgelöste Ehefrau. Weil die Suche noch im Gange war, meldeten sich die Kollegen nach einer halben Stunde wieder einsatzbereit und trösteten die Ehefrau mit den Worten: »Schauen Sie mal, er hat so vorbildlich sein Rad abgeschlossen, er nimmt sich bestimmt nicht das Leben.«

Einige Stunden später mussten wir dann der aufgelösten Ehefrau die schlechte Nachricht überbringen, und sie weinte und wiederholte immer wieder: »Ihre Kollegen sagten doch, dass es bestimmt nur ein Fehlalarm war ...« Tja. Was sagt man dieser armen Frau jetzt? Wir verabreichten ihr etwas zur Beruhigung und übergaben sie schließlich in die einzig kompetenten Hände in diesem schrecklichen Fall, indem wir einen Notfallseelsorger hinzuzogen.

Später, allein im Rettungswagen, schüttelten wir nur die Köpfe. Wie konnten sich die Kollegen zu solch einer Aussage hinreißen lassen?

Reden ist eben Silber und Schweigen Gold.

Typ Dampfwalze

Wahrscheinlich erkennt man an den vorausgegangenen Kapiteln bereits, dass mitunter auch etwas Glück dazugehört, die zu einem passende Besatzung zu erwischen. Einen Typ von Kollegen habe ich noch nicht erwähnt, und dabei handelt es sich, so glaube und hoffe ich, um eine »aussterbende« Art – zumindest begegne ich dieser »Sorte Mitarbeiter« immer seltener. Ich spreche vom abgebrühten und unempathischen Kollegen, bei dem man sich nach jedem Kontakt fragt: »Warum machst du eigentlich was mit Menschen?« Dieser Kollegentyp fällt meist dadurch auf, dass er dem Patienten unverblümt ins Gesicht sagt, was er von ihm und der Alarmierung hält. Nicht selten ist es sogar dieser Typ Kollege, der einen scheinbar harmlosen Einsatz eskalieren lässt.

In Erinnerung geblieben ist mir ein Einsatz, bei dem eine Person drohte, aus einem Fenster zu springen. Der Einsatz begann eine halbe Stunde vor Schichtwechsel und zog sich bis zu dem Zeitpunkt der Schichtübergabe. Die Notärztin rief der Patientin zu: »Also entweder Sie springen jetzt oder Sie lassen es sein, ich habe jetzt jedenfalls Feierabend!«

Ich dachte im ersten Moment, ich hätte mich verhört, aber als ich in die schockierten Augen meines Kollegen blickte, wusste ich, dass sie das wirklich gerade gesagt hatte. Sogar die selbstmordgefährdete Patientin war so perplex, dass sie tatsächlich vom Fensterbrett stieg und sich dafür entschied, sich von uns in eine psychiatrische Einrichtung transportieren zu lassen. Somit hatte das Dampfwalzenverhalten der Ärztin ironischerweise noch einen positiven Effekt, auch wenn ich nicht glaube, dass ihre Aussage reine Verhandlungsstrategie war. Ich jedenfalls hätte nicht in ihrer Haut stecken wollen, wenn die Patientin nach so einer Aussage tatsächlich gesprungen wäre …

In einem anderen Fall von »Unsensibilität« wurden ein Kollege und ich zu einem Patienten nach einem Fenstersturz alarmiert. Der Patient war polytraumatisiert, was bedeutet, er hatte diverse kritische Verletzungen und dazu ein Schädel-Hirn-Trauma mit einer stark blutenden Kopfplatzwunde. Während wir den Patienten versorgten, grummelte Kollege Dampfwalze: »Na toll, der saut uns jetzt das ganze Auto ein!« Bäm! Da bekommst du doch als Patient den nächsten Schlag verpasst!

Ich verstehe auf psychologischer Ebene, woher solche Aussagen mitunter kommen: kurzfristiger, akuter Stress-Relief, Abstumpfung durch jahrelangen Einsatz in Harlem. Trotzdem finde ich, manche Dinge kann man sich denken, sollte sie aber nicht aussprechen. Und wenn man dermaßen überlastet und frustriert ist, dass man sich so frei abwertend über Patienten äußert, sollte man sich grundsätzlich die Frage stellen, ob man für diesen Beruf charakterlich noch geeignet ist. Leider überprüft das niemand.

Geheimrezepte gegen traumatische Erlebnisse?

Eine Frage, die ich sehr oft gestellt bekomme, ist: »Wie gehst du mit schlimmen Erlebnissen um?« Meistens habe ich dann den Eindruck, dass man von mir einen krassen Geheimtipp erwartet, den noch kein Psychologe dieser Welt entdeckt hat und der einen vor jeglichem Kummer, Leid oder Schock bewahrt. Ich enttäusche die Leute wahrscheinlich immer mit meiner ehrlichen Antwort: schwarzer Humor. Denn meist folgt daraufhin ein Moment der Stille, ehe in einem ernüchterten Ton die nächste Frage kommt: »Okaaay, aber gibt's keine Psychologen oder so was?« Doch. Grundsätzlich stehen uns Rettungskräften Teams zur Verfügung, die im Falle eines traumatischen Einsatzes eine erste Anlaufstelle zur Bewältigung sein können. Die Hemmschwelle, diese Teams zu alarmieren, ist allerdings nicht so niedrig, wie sie sein sollte. Das hängt mit der »Das muss man abkönnen«-Mentalität zusammen, die sich heutzutage immer noch hält, auch wenn das Umdenken zunimmt. Lange Zeit war es verpönt, zu kommunizieren, wenn einem etwas naheging, weil das ein Zeichen dafür sein könnte, dass man für den Beruf schlichtweg nicht geeignet sei. Wie gesagt: Diese Einstellung verändert sich, aber die Mentalität ist nach wie vor unter manchen Kollegen vorhanden. Natürlich bewerten wir auch alles durch unsere persönliche Brille. Was dem einen nahegeht, mag den nächsten weniger tief berühren. Jeder trägt seine eigenen Päckchen mit sich herum. Diese können gefüllt sein mit Triggern, die während eines Einsatzes in Erscheinung treten, der grundsätzlich als Routine eingestuft sein mag und von den Schichtkollegen womöglich so wahrgenommen wird, während für einen selbst plötzlich die Welt kopfsteht.

In Erinnerung geblieben ist mir ein Erlebnis auf einer Messe. Ich traf dort einen sehr geschätzten ärztlichen Leiter Rettungsdienst (ÄLRD), der schon viele Jahre als Notarzt tätig ist. Ich habe mich mit ihm über ein Computer Based Training zur Steigerung der psychischen Resilienz von Rettungskräften unterhalten. Er erzählte mir in dem Zusammenhang von einem Routineeinsatz, den er plötzlich durch persönlichen Bezug intensiver wahrgenommen hatte: Er wurde zu einer knapp fünfzig Jahre alten bewusstlosen Person alarmiert, vor Ort stellte sich der Einsatz als Reanimation heraus. Die Wiederbelebungsversuche schlugen alle fehl und so musste er einen Totenschein ausstellen. Bis hierhin, auch wenn es hart klingt: Routine. Er legte seine Unterlagen auf das Sideboard und las den Namen des Verstorbenen. Plötzlich veränderte sich für ihn alles, denn er erfuhr, für wen er da gerade den Totenschein ausstellte. Über die Kita seines Kindes kannte er ein anderes Kind, mit einer wirklich tragischen Leidensgeschichte. Das Kind hatte bereits die Mutter verloren und keine weitere Verwandtschaft außer den Vater – und dieser lag augenblicklich regungslos vor dem Notarzt. Als er mir diese Geschichte erzählte, lief es mir eiskalt den Rücken hinunter. Dieses Kind hatte ohnehin schon so viel mitgemacht und nun auch noch seinen letzten lebenden Verwandten verloren. Als ich ihm in die Augen sah, merkte ich, dass Tränen darin standen. Die unbeteiligten Kollegen konnten vermutlich nicht nachvollziehen, warum dieser Einsatz dazu führte, dass ihr Notarzt plötzlich emotional und ungewöhnlich betroffen war.

Ich vermute, er hat mir davon erzählt, weil an dem Satz »Geteiltes Leid ist halbes Leid« irgendwie wohl doch manchmal etwas dran ist, und so kommen wir zu einer weiteren Strategie, um etwas Belastendes zu verarbeiten: Man spricht drüber. Natürlich spricht niemand wahllos mit irgendjemandem über tragische Erfahrungen, sondern ausschließlich mit Personen, die einen verstehen können und denen man zutraut, dass sie mit dem emotionalen Einblick in die eigene Seele umgehen können. Denn bei sehr emotionalen Fällen hilft natürlich auch kein schwarzer Humor mehr. Aus meiner Sicht hilft dieser nur bei einer bestimmten Art von Einsätzen. Einsätzen, zu denen man wenig persönlichen Bezug hat. Hier kann es helfen, die negative Assoziation mit einem Witz umzuwandeln, sodass der Vorfall positiver belegt oder eben nicht unerträglich im Unterbewusstsein verbucht wird. Im eben genannten Fall wurde der Notarzt aber emotional verletzt, und das ist das Tückische an diesem Beruf: Wir tragen eine Uniform, Handschuhe, alles, um uns vor ansteckenden Krankheiten und Gefahrstoffen zu schützen. Aber die Seele trägt keinen Schutzmantel. Sie liegt offen und verletzlich. Klar, ungerechtfertigte, wütende Beleidigungen von aufgebrachten Patienten beispielsweise prallen an einem ab, nur gibt es nun mal auch die Momente, in denen man sich einen unverhofften Hieb in die Magengrube einfängt. Über Tage und Wochen grübelt man im Nachhinein und realisiert, dass man sich nun einmal nicht gegen alles schützen kann. Gleichermaßen wird einem durch solche Einsätze klar: Man ist weder abgestumpft noch ein Roboter, sondern: ein Mensch.

Der Tag, an dem der Sommer starb

Wie sehr einen dieser Beruf nachhaltig beeinflussen kann, merke ich, wenn ich von meinem schlimmsten Einsatz erzähle. Jetzt, nach sechs Jahren, kann ich zumindest darüber sprechen, ohne dass es mir die Sprache verschlägt, sich alles in meinem Mund zusammenzieht oder es mir die Luft abschnürt. Ich tue es trotzdem nicht gerne, denn ich merke jedes Mal, dass ich danach für 24 Stunden deutlich nachdenklicher und bedrückt bin. Schon allein durchs Reden darüber fühle ich mich wirklich ausgelaugt. Um Bilbo aus *Herr der Ringe* zu zitieren: »wie Butter auf zu viel Brot verstrichen«. Man sagt, dass Zeit alle Wunden heilt. Für mich persönlich trifft das nicht auf emotional belastende Einsätze zu. Mir kommt es eher so vor, als würde ich sie maximal verdrängen können oder in eine Kiste sperren, die ich tief in meinem Unterbewusstsein vergrabe. Aber die Kiste verschwindet nicht. Ich denke, jeder muss seine persönlichen Strategien entwerfen, und meine Strategie lautet: Diese Kiste einfach so selten wie möglich ausgraben, obgleich ich mir bewusst bin, dass sie da ist. Trotzdem hole ich diese Kiste jetzt noch einmal heraus. Nicht, um eine Neugier zu befriedigen, sondern, weil ich einen realistischen Einblick in den Rettungsdienst geben möchte. Ich werde immer häufiger von jungen Erwachsenen und teilweise sogar von deren Eltern angesprochen, die mir sagen, dass sie – oder ihre Kinder – nur wegen mir zum Rettungsdienst möchten. Auf der einen Seite ist das eine große Ehre, auf der anderen aber auch eine große Verantwortung. Diese Verantwortung möchte ich wahrnehmen, indem ich über die positiven und negativen Seiten dieses Berufs aufkläre. Um die Veränderung zu verstehen, die der nachfolgende Einsatz in mir ausgelöst hat, muss ich zeitlich vor dem traumatischen Erlebnis starten: 2014 habe ich mein Freiwilliges Soziales Jahr beim Krankentransport gemacht und mich relativ früh dazu entschieden, zum Rettungswagen zu wechseln. In der Anfangszeit war alles neu, aufregend und ich erlebte tausende Dinge zum ersten Mal. Ich denke, dass ich in dieser Zeit einen kleinen Höhenflug bekommen hatte und mir dachte: Nichts kann mich mehr aufhalten! Plötzlich hatte ich so viel Verantwortung, ich war mit meinen Kollegen unterwegs und rettete Menschenleben – ich kam mir vor wie ein Superheld. Ständig bin ich für Kollegen eingesprungen oder habe sie früher von der Schicht abgelöst. Jeder Freitag- und Samstagabenddienst war meiner. Ich konnte vom Rettungsdienstalltag nicht genug kriegen. Natürlich verstand ich damals überhaupt nicht, wieso manche erfahreneren Kollegen mich ein wenig bremsen wollten, vielmehr hatte ich damals den Eindruck, sie wollten mich »unten halten«. Während ich einen Einsatz nach dem anderen fahren wollte, waren sie eher piano unterwegs und sagten gerne Sätze wie: *Wir müssen nicht die ganze Zeit rollen.* In meiner damaligen leichten Überheblichkeit unterstellte ich manchem dienstälteren Kollegen, der nicht so »on fire« war wie ich, auch gerne mal, dass er total demotiviert wäre und vielleicht besser einen anderen Job machen sollte. Ich glaubte tatsächlich, dass es nichts gäbe, was ich nicht handeln könnte, und dass es doch überhaupt nicht so viel Schreckliches in dieser Welt gäbe …

An einem Donnerstag im Juni 2016 sollte ich vom Gegenteil überzeugt werden. Ich war eigentlich nur für den Tagdienst eingeplant, wurde aber gefragt, ob ich auch noch die Nacht fahren könnte, und so sollte es ein 24-Stunden-Dienst werden. Der Tag plätscherte komplikationslos dahin, es war ein warmer Sommertag, wir fuhren ein paar Einsätze, aßen zwischendurch ein Eis. Es war ein angenehmer Tagdienst. Mit dem Einbruch der Dämmerung veränderte sich das jedoch. Es fing an, in Strömen zu regnen, und ich fühlte so etwas wie eine seltsame Vorahnung. Denn ich weiß noch genau, da war dieser Wunsch, als ich in einem der Betten im Ruheraum auf der Wache lag, dem Prasseln des Regens an der Scheibe lauschte und hoffte, dass mir jetzt einfach die Augen zufallen würden, dass das Nächste, was ich hören würde, die Kollegen zum Schichtwechsel im Morgengrauen sein würden. Doch so kam es nicht. Das erste Mal wurden wir rausgerufen, weil eine Person in ihrem Schlafzimmer gestürzt war. Der Patient war unverletzt, und so hoben wir ihn in sein Bett und fuhren zurück auf die Wache, wo wir uns ebenfalls wieder hinlegten, bis wir um 03:30 Uhr in ein Altenheim gerufen wurden. Die standardmäßige Anfahrt war durch eine Baustelle blockiert, also suchten wir uns mühsam einen Umweg. Vor Ort angekommen, übergab uns eine Pflegekraft eine Patientin, deren Gesundheitszustand sich seit zwei Wochen sukzessive verschlechtert hatte. Zu Recht fragte mein Kollege, warum man hierzu um 03:30 Uhr den Notruf wählte, wenn die Problematik schon länger vorhanden war. Wir nahmen die Dame natürlich mit und brachten sie ins Krankenhaus. Zurück auf der Wache, erfuhren wir, dass sich die Pflegekraft aus dem Altenheim nach unserem Einsatz bei der Leitstelle über uns beschwert hatte, es war also bereits jetzt eine Nacht zum »in die Tonne Kloppen«. So wünschten wir uns, wenigstens die letzten Stunden bis zur Ablöse durchruhen zu können. Doch abermals schrillten uns die Melder aus dem Bett: *Atemnot Kind.* Noch bevor ich richtig hochschrecken konnte, meinte mein Kollege: »Keine Sorge, das wird nichts Superernstes sein.« Diesen etwas lässigen Spruch sagte er, weil Einsätze mit Kindern immer sehr großzügig alarmiert werden. In der Regel handelt es sich um einfache Atemwegsinfekte oder Pseudokrupp-Anfälle, wobei sich die Panik und Sorge der Eltern auf den Disponenten der Leitstelle überträgt. Deshalb fallen diese Alarmierungen dann zwar oft »groß« aus, bestätigen sich aber meist nicht. Wir machten uns also auf den Weg. Verschlafen und etwas überrascht registrierte ich beim Einsteigen in den Rettungswagen, wie das zeitgleich mit uns alarmierte Notarzteinsatzfahrzeug (NEF) bereits an uns vorbeizog. Und das, obwohl wir wesentlich näher an der Einsatzstelle lagen als das eineinhalb Kilometer entfernte NEF. Nur daran merkte ich, wie gerädert wir gewesen sein mussten. Wir fuhren einmal links, einmal rechts und dann waren wir schon in der Zielstraße. Da das NEF einige Sekunden vor uns eingetroffen war und die Hausnummer bereits gefunden hatte, konnten wir, ohne zu suchen, durchfahren. Wir packten unser Equipment: Kinderrucksack, Notfallkoffer, Patientenmonitor, Absaugpumpe und Beatmungsrucksack. Reine Routine bei diesem Meldebild. Wir liefen in den Flur der Wohnung und der Fahrer des Notarztes kam uns schon entgegen. Sein ernster Blick traf uns nur ganz kurz und er sagte: »Ist ex.« Exitus letalis, lateinisch für: Ausgang tödlich. In dieser Sekunde wurde mir klar: Dieser Einsatz ist keine Routine mehr. Beinahe zeitgleich zu diesem Gedanken nahm ich markerschütternde Schreie wahr und folgte diesen durch die Wohnung. Der Weg hat sich in mein Gedächtnis eingebrannt: Den Flur geradeaus, dann rechts, noch zwei Schritte und dort befand sich die Tür zum Wohnzimmer auf der rechten Seite. Sie stand offen und ich blieb wie erstarrt im Türrahmen stehen. Mitten im Raum knieten zwei Frauen auf dem Fußboden. Die eine Frau hielt einen blass-gräulichen Babykörper in ihren Armen. Ihr Kind. Qualvolle, verzweifelte Schreie drangen aus der Kehle der Mutter. Bitterliche Schluchzer erschütterten die Körper beider Frauen. Das Leben war schon vor Stunden aus dem kleinen Körper gewichen, wie wir vom Notarzt erfuhren. Vermutlich bereits, während wir noch in unserem vorherigen Einsatz gebunden waren. Die Mutter wollte das Kind morgens aus seinem Bettchen holen und fand nur den leblosen Körper. Entsprechend panisch hatte sie den Notruf gewählt und höchstwahrscheinlich hatte der Disponent nicht viel mehr verstehen können als Schreien, *Kind* und *Atmung* und somit das nächste Stichwort ausgewählt, das einen Rettungswagen und einen Notarzt auf die Straße schicken würde, und dieses war eben jene »akute Atemnot«.

Die genaue Ursache für den *plötzlichen Kindstod* ist nach wie vor nicht geklärt, es werden lediglich Risikofaktoren beschrieben. Dieser war sich die Mutter bewusst und beteuerte immer wieder unter Tränen: »Wir haben doch extra alles beachtet! Wie konnte das passieren?« Eine Frage, die weder der Notarzt noch der Rest des Teams zu beantworten vermochte.

Auf einmal fiel der Schwester der Mutter ein, dass der Vater bisher gar nicht informiert war. Er war Handwerker und entsprechend früh aus dem Haus gegangen. Völlig neben sich stehend, wählte die Schwester seine Nummer, und während das Freizeichen tönte, redete der Notarzt ihr noch ins Gewissen: »Bitte sagen Sie es ihm nicht am Telefon.«

Die Schwester stockte kurz, und als der Vater ranging, schrie sie panisch in den Hörer: »Komm schnell zurück!«

Der Vater reagierte perplex: »Wie denn? Ich bin auf der Arbeit?!«

»Egal, nimm dir ein Taxi! Komm einfach her!«, brüllte die Schwester unter Tränen.

In der Sekunde schaltete der Vater wohl, dass etwas wirklich Schlimmes passiert sein musste. Denn meinem Eindruck nach handelte es sich bei der Familie nicht um betuchte Menschen, die eben mal so ihr hart verdientes Geld für ein Taxi aufwenden könnten. Somit war das sein Stichwort. Er legte auf und damit waren die einzigen Geräusche im Raum wieder die verzweifelten Schluchzer der beiden Frauen und die Stimme des Notarztes, der ihnen nicht von der Seite wich. Keine fünfzehn Minuten später hörte ich das Zuknallen einer Autotür und schwere, schnelle Schritte, die durch den Flur polterten. In diesen paar Sekunden, bis er uns erreichte, versetzte ich mich in seine Perspektive: die Taxifahrt, fünfzehn Minuten Horrorfilm in seinem Kopf, wahrscheinlich die längsten Minuten seines Lebens. Dann kam er hier an und fand zwei Fahrzeuge des Rettungsdienstes vor seiner Haustür und betete vermutlich bei jedem Schritt, mit dem er sich uns näherte, dass egal, was passiert war, es hoffentlich nicht so schlimm sein möchte wie alles, was durch seine Gedanken huschte. Schließlich stolperte er um die Ecke und erblickte genau das gleiche Bild wie wir einige Zeit zuvor: seine Frau auf dem Fußboden mit seinem verstorbenen Kind im Arm. Er sackte direkt auf die Knie, brach in Tränen aus und versuchte neben der Trauer, die ihn schüttelte, auch seine Frau zu trösten. Doch seine Frau war längst in einem Tunnel. Sie reagierte nicht mehr auf die Umwelt, sondern wippte nur sachte mit ihrem Kind im Arm vor und zurück.

Das ist ganz klar eine der schwierigsten Seiten am Rettungsdienst. Wir sind den Menschen völlig fremd, sie haben keinerlei Bezug zu uns, und dennoch sind wir meist die ersten Personen, die sie in ihren schlimmsten und wahrscheinlich prägendsten Lebensabschnitten erreichen. Und alles, was wir in solchen Extremfällen bieten können, ist Beistand. Für die Menschen da zu sein. Durch unsere Anwesenheit das Gefühl von Nähe und Sicherheit zu vermitteln. Trotzdem handelt es sich um eine professionelle und auch nur geduldete Nähe, die dem Patienten in solchen Ausnahmesituationen im Endeffekt keinen wirklichen Trost spenden kann. Denn wenn jeder selbst an seinen bisher schlimmsten Moment im Leben zurückdenkt: Würde man da fremde, uniformierte Menschen bei sich haben wollen, die in ihren Emotionen nicht mitschwingen und einem auch nicht durch körperliche Nähe eine emotionale Entlastung bieten können? Auf solche Momente werden wir nicht vorbereitet. Vermutlich kann man jemanden kaum perfekt darauf vorbereiten. Dennoch, in der Ausbildung, in Briefings und Fortbildungen kommt der psychologische Anteil bei solchen Themen definitiv zu kurz. Meistens wird nur in einem Nebensatz erwähnt: »Ach ja, und es ist natürlich wichtig, sich dann auch um die Eltern zu kümmern.« Was das im Ernstfall bedeutet, ist eine Blackbox.

Wir konnten der Mutter die Frage, warum ihr Kind trotz aller Vorsichtsmaßnahmen am plötzlichen Kindstod verstorben war, nicht beantworten. Und genau das habe ich für mich als einen Baustein identifiziert, warum dieser Einsatz für mich so belastend war. Weil ich nichts tun konnte. Was hätte ich mit meinen 19,5 Jahren einer Mutter Mitte 30, die gerade ihr Kind verloren hatte, darüber erzählen sollen, wie sie diese Situation bewältigen kann? Ich, der immer noch regungslos im Türrahmen stand, als wäre dort eine unsichtbare Grenze, die ich nicht überschreiten konnte. Die private Person in mir, Luis, der empathische Mensch, hätte am liebsten mitgeweint. Doch die Professionalität in mir unterdrückte diese Reaktion. Ebenso meinen Fluchtinstinkt. Jeder Mensch hat einen Fluchtinstinkt. Man flüchtet vor Gerüchen, einem schlimmen Anblick oder vor einem schlechten Gefühl. Im Rettungsdienst lernt jeder von uns, viele natürliche Fluchtinstinkte zu unterdrücken. Und so kämpfte ich, seit ich hier angekommen war, gegen meinen inneren Reflex, diese statische Situation zu verlassen. Diese sich immer wieder neu ergebenden leidvollen Eskalationsstufen nicht mehr ertragen zu müssen. Ich wollte nur noch dort weg. Aber das ging nicht. Wir sind schließlich der Rettungsdienst.

Man sagt, die Nase gewöhnt sich schnell an Gerüche, sodass man diese nach ein paar Minuten nicht mehr wahrnimmt. Doch an solche Situationen gewöhnt sich die Seele nicht. Ich weiß nicht, ob es das Wort »Trance« am besten beschreibt oder vielleicht »Nebel«, aber ab einem gewissen Punkt merkte ich, dass ich mich wie in einem seelischen Notlaufmodus befand. Die Welt schien sich nur noch in Zeitlupe zu drehen. Bis sie gefühlt stillstand. So wie das kleine Herz in diesem Raum, um das wir alle weinten. Manche äußerlich, manche innerlich. So, wie ich still am Türrahmen stand und die Zeiger an jeder Uhr. Ein Gefühl von Endlosigkeit stellte sich ein, während wir auf die Kriminalpolizei warteten, die den Fall rein formal aufnehmen musste, da es sich beim plötzlichen Kindstod um eine unklare Todesart handelt und die Einsatzstelle somit ein potenzieller Tatort ist. Normalerweise erscheint die Kripo sehr schnell vor Ort, aber aus irgendwelchen Gründen dauerte es ausgerechnet an diesem Morgen ganze 90 Minuten. 90 Minuten, in denen meine Kräfte zunehmend nachließen und ich meinen Fluchtinstinkt irgendwann nicht mehr bekämpfen konnte. Am Ende bleiben auch wir vom Rettungsdienst Menschen mit Reflexen und Gefühlen, egal, wie sehr wir versuchen, sie zu kontrollieren. Und so verließ ich irgendwann für einen Moment die Situation, um unser Material zurück zum Rettungswagen zu bringen.

Die Welt, die mich draußen erwartete, fühlte sich völlig surreal an. Der nächtliche Regen und die Dunkelheit waren einem schönen blauen Himmel gewichen. Die Sonne ging bereits auf und auf den Straßen herrschte schon geschäftiges Treiben. Warme Sommerluft streifte mein Gesicht. Um mich herum erwachte ein Freitag im Juni, wie man sich ihn wünschen würde. Ein Tag, an dem alles irgendwie leicht von der Hand geht, alle gut gelaunt sind und man sich auf das Grillen nach Feierabend mit seinen Freunden freut. Für mich würde es so ein Freitag nicht werden, und erst recht nicht für all jene, die hinter mir im Haus auf dem Fußboden weinten. Plötzlich drang ein Hupen durch meinen Nebelschleier. Offenbar kam ein Lieferwagen nicht an unserem Rettungswagen vorbei. Mit einer Ruhe, die mich rückblickend sehr beeindruckt, ging ich zu unserem Fahrzeug und klappte den Seitenspiegel ein, damit er passieren konnte. Manch einer wäre vielleicht zu dem Fahrer gegangen und hätte ihn gefragt, ob er sich nicht einfach darüber freuen kann, dass es ihm gut geht, anstatt Einsatzkräfte aus einer Wohnung zu hupen. Aber ich hatte diese Energie nicht. Jedes letzte bisschen Kraft in mir brauchte ich, wenn ich gleich wieder die Wohnung betreten würde, in der eine Familie gerade ihr Baby verloren hatte. Denn unser Job hier war noch lange nicht beendet, nur weil die Kripo nun endlich vor Ort war.

Der erfahrenere Kollege des Einsatzteams erfasste die Situation sofort. Er nahm sich direkt der Eltern an, während der jüngere Kollege Fotos zur Dokumentation des Leichnams machen musste. Ich werde den Anblick nie vergessen, wie er mit zitternden Händen die Kamera hielt, um das verstorbene Baby, das zu diesem Zeitpunkt mitten im Zimmer, ganz allein auf dem Boden lag, zu fotografieren. Er musste mehrere Aufnahmen anfertigen und dafür immer näher an den Babykörper herangehen. Dabei war es ihm schier unmöglich, die Kamera ruhig zu halten.

Nachdem die Kriminalpolizei den Tatort aufgenommen hatte, bestellten wir den Bestatter ein, und das war auch der Grund, warum wir und der Notarzt immer noch vor Ort waren: für die Mutter und den Vater.

Der Notarzt briefte uns, dass es an diesem Punkt zu einer extrem heftigen Trauerreaktion kommen könnte. Die Mutter klammerte sich an ihr Baby und weinte so verzweifelt, wie ich noch nie jemanden habe weinen hören. »Ich will mein Kind nicht hergeben!«, schrie sie immer wieder.

Mir schnürte es dermaßen die Kehle zu, dass ich nicht wusste, wie ich es länger schaffen sollte, hier drin auszuharren, bis der Notfallseelsorger eintraf und wir an ihn übergeben konnten.

Es war bereits gegen neun Uhr am Morgen, als wir endlich wieder auf der Wache ankamen. Die Schichtablöse wartete bereits seit sieben Uhr auf uns. »Na, wo habt ihr euch denn rumgetrieben?«, fragten die Kollegen mit einem dampfenden Frühstückskaffee in der Hand.

Ich weiß noch, ich wollte antworten: Wir hatten gerade einen plötzlichen Kindstod. Aber ich kam nur bis: »Wir hatten gerade ei...« Und dann kam einfach keine Stimme mehr aus meinem Hals. Keine Ahnung, ob ich dabei kreidebleich geworden bin, doch ich habe in den Augen meiner Kollegen gesehen, dass sie sofort verstanden haben: Fuck! Da ist was richtig Schlimmes passiert!

Der Kollege, der mit mir im Einsatz war, beendete meinen Satz und den beiden anderen Kollegen fiel sofort alles aus dem Gesicht.

Der jüngste anwesende Kollege tat daraufhin das einzig Richtige und gab in der Leitstelle Bescheid, dass sie augenblicklich nicht einsatzfähig wären, weil sie sich um uns kümmern müssten. Er bot mir sofort an, mit ihm zu reden, was ich sehr zu schätzen wusste, nur in diesem Moment nicht annehmen konnte. Zu stark saß in mir dieser Gedanke: *So was muss man abkönnen, wenn man diesen Job macht.* Außerdem war ich dermaßen erschöpft, ich wollte nur noch nach Hause ins Bett. Ich dachte, nach einer ordentlichen Mütze Schlaf würde es schon wieder gehen. Aber tatsächlich fand ich nicht so richtig zurück in die Normalität. Auch nach Tagen nicht. Ich war nachdenklich, gereizt. Ich merkte noch über Wochen, wie dieser Einsatz in mir arbeitete, und tatsächlich konnte ich Monate und schließlich sogar Jahre nicht mal darüber reden. Nicht weil ich nicht gewollt hätte, sondern weil es wirklich nicht ging. Wann immer ich das Thema bereden wollte, verschlug es mir die Sprache. Und dieser Zustand hielt tatsächlich noch bis vor drei Jahren an. Mir lief es jedes Mal wieder eiskalt den Rücken runter, sobald ich diese Schublade aufmachte. Speichel bildete sich in meinem Mund, meine Kehle schnürte sich zu und ich brachte keinen Ton heraus. Seitdem kann ich verstehen, was es für manche Menschen bedeutet, wenn sie sagen: Ich kann nicht darüber reden. Man möchte vielleicht sprechen, aber es geht einfach nicht. Eine Reaktion unserer Psyche, mit einem extrem belastenden Erlebnis umzugehen, wie sie für mich zuvor nicht vorstellbar gewesen war.

Erst heute, neun Jahre später, kann ich langsam darüber sprechen, ohne dass mein Körper sofort eskaliert. Irgendwann – sicherlich zu spät – bin ich nämlich schließlich doch den Schritt gegangen, dieses Erlebnis mithilfe eines Psychologen aufzuarbeiten. Natürlich hat auch die Zeit für mich gearbeitet. Trotzdem fühle ich mich danach immer noch völlig erschöpft und bin für ungefähr 24 Stunden sehr stark in mich gekehrt. Dieser Einsatz hat mich nachhaltig beeinflusst. Und mich zwischenzeitlich vieles in Frage stellen lassen. Gerade wenn Leute sagen: Ich will wegen dir zum Rettungsdienst. Dann frage ich mich: Braucht man das? Will man solche Dinge erleben? Es kann mitunter Einsätze geben, die den Charakter und die Sicht auf die Welt verändern. Das sollte einem vorab einfach bewusst sein. Ich würde sagen, mein Blick auf die Welt und den Beruf ist nicht mehr derselbe. Ich reiße nicht mehr nonstop Schichten ab, sondern lege Pausen ein, um bei Kräften zu bleiben. Zudem habe ich beobachtet, dass meine gesamte Lebensfreude einen Dämpfer erhalten hat und ich nicht mehr so unbeschwert bin wie früher. Mein damaliger Praxisanleiter, den ich sehr schätze, hat eine ausgezeichnete Menschenkenntnis, und einige Zeit nach dem Einsatz sagte er einmal zu mir: »Weißt du, Luis: Ich glaube, dass jeder sein Päckchen mitbekommt. Das war dann wohl deins.« Heute würde ich das bestätigen. Hätte ich jedoch meinem damaligen Ich vorab diese Art »Warnung« ausgesprochen oder versucht, ihm diese Weisheit mitzugeben, hätte es sich davon vermutlich nicht beirren lassen.

Ich will mit diesen Worten nicht jedem davon abraten, zum Rettungsdienst zu gehen, auf keinen Fall, aber ich möchte ein realistisches Bild vermitteln. Man muss sich im Klaren darüber sein, dass man in diesem Beruf Dinge erlebt, die einem wirklich unter die Haut gehen können. Aus dem Grund möchte ich an dieser Stelle auch sensibilisieren: Eine auf den ersten Blick saloppe Frage wie *Was war dein schlimmster Einsatz?* kann bei manchen Kollegen traumatische Erlebnisse triggern, mit denen sie womöglich noch mehrere Tage zu kämpfen haben, während der Fragesteller das Gespräch längst vergessen hat. Darum eine kleine Bitte: Überlegen Sie sich zweimal, ob und wann Sie einen Rettungssanitäter nach seinem schlimmsten Erlebnis fragen.

Ruhephasen und Reflexion

Vielleicht bemerkt man schon, dass es gar nicht so einfach ist, psychisch und charakterlich resilient gegenüber den Kräften zu bleiben, die nahezu ununterbrochen in jedem Dienst auf einen wirken. Insbesondere in Wachbereichen wie Harlem, mit hoher Einsatzfrequenz, findet eine ständige Exposition mit dem Elend und Leid der Menschen statt. Wirkliche Ruhephasen sind selten. Stattdessen wird man von Einsatz zu Einsatz gehetzt, und der Körper wie auch die Seele erhalten gar nicht erst die Chance, aus einer Anspannungsphase in eine Entspannungsphase zu wechseln. Ich habe einen Kollegen gehabt, der nach jedem Dreierblock, also nach drei aufeinanderfolgenden Tagdiensten von jeweils zwölf Stunden Dauer, morgens mit massiven Kopfschmerzen aufgewacht ist, die er nur durch hoch dosierte Schmerzmittel in den Griff bekam. Als Reaktion darauf begann er zu meditieren und konnte damit einen Erfolg erzielen. Er ist ein hoch kompetenter und qualifizierter Notfallsanitäter, jedoch bewahrt ihn diese Tatsache nicht davor, dass sein Körper an Grenzen stößt, und ihm in diesem Fall durch die Kopfschmerzen mitteilt: Hör mal, du mutest dir zu viel zu!

Hinzu kommt außerdem eine stetig steigende Frustration und man läuft mit jedem Einsatz ein bisschen mehr Gefahr, den Glauben an die Menschheit zu verlieren, wenn man wie in Harlem viele »unnötige« Einsätze fährt. Man fühlt sich ausgenutzt und hat das Gefühl, dass die Menschen jegliche Selbsthilfekompetenz verloren haben. Aus meiner Sicht ist das allerdings ein Trugschluss, denn die Patienten, die sich selbst helfen und vielleicht 90 Jahre ohne die Inspruchnahme des Rettungsdienstes klarkommen, lernen wir schlichtweg nie kennen. Ist man jedoch nicht in der Lage, solche Gedankenmuster für sich zu reflektieren, dann droht man in eine Spirale zu geraten, in der man überall nur noch Elend und Hilflosigkeit sieht und jedem Patienten pauschal mit diesem Vorurteil gegenübertritt. In dem Zusammenhang erinnere ich mich an einen Einsatz, bei dem uns ein Patient die Tür öffnete und sagte: »Hallo, ich bin ...«

»Ich weiß, wer du bist! Du bist der, der nix hat«, unterbrach ihn mein Kollege genervt. Das ist zweifelsohne nicht nur eine äußert unhöfliche Begrüßung, sondern natürlich auch eine pauschalisierende Aussage – sogar dann, wenn man den Patienten zuvor schon mal transportiert hat. Letztlich ist es vermutlich dennoch die Konsequenz dessen, dass man sich durchgängig benutzt vorkommt und als Selbstschutz diese ablehnende Haltung entwickelt. Je häufiger wir mit den Abgründen konfrontiert werden, und für uns bedeutet das tagtäglich im Dienst, desto schneller neigt man dazu, charakterlich zu »verrohen«. Ich finde es daher immer sehr spannend, mir die Besatzungen der anderen Rettungswagen anzusehen, die wir vor den Notaufnahmen antreffen. Mittlerweile ist es mir möglich, nur am Verhalten und Auftreten der Kollegen zu erkennen, aus welchen Einsatzgebieten sie kommen.

Wie gut kennen Sie Ihre Nachbarn?

Wenn mich eines in meinem Jahrzehnt im Rettungsdienst immer wieder nachdenklich gestimmt hat, dann ist es wohl folgende Tatsache: Hinter jeder Wohnungstür kann wirklich alles stattfinden, ohne dass man von außen auch nur das Geringste davon mitbekommt. Insbesondere in Mehrfamilienhäusern wohnen die unterschiedlichsten Schicksale Tür an Tür. Wo ich mich in die eine Wohnung kaum mit Straßenschuhen hineinwage, weil der Fußboden blitzeblank ist, frage ich mich bereits in der danebengelegenen: Was klebt da unter meinen Schuhen und will ich es wirklich wissen?

Manchmal sind es aber auch ganz nebensächliche Dinge, auf die ich aufmerksam werde, wie beispielsweise Sachen, die Menschen sammeln. Ich kann mich noch an einen Einsatz bei einer allein lebenden älteren Dame erinnern. Wir wurden zu einer Blutdruckentgleisung alarmiert. Die Patientin selbst klagte über Kopfschmerzen, Schwindel und saß mit einem hochroten Kopf auf ihrer Couch im Wohnzimmer. Die Tochter hatte uns die Tür geöffnet. Für die Behandlung stand ich über die Patientin gebeugt, und als ich mich aufrichtete, starrten mich plötzlich leblose, weit aufgerissene Augen an. Im ersten Moment bin ich zu Tode erschrocken. Bis ich erkannte, dass der Spiegel an der Wand Teile des Schlafzimmers einfing, wo eine Puppe aufrecht auf dem gemachten Bett saß.

Auf den nächsten Seiten möchte ich gemeinsam mit Ihnen hinter die Türen unserer Nachbarn und Mitmenschen blicken.

Leider finden wir meistens traurigere und schwierigere Situationen vor als Schmunzelgeschichten über Porzellanpuppen, die Einsatzkräfte erschrecken. Manche Einblicke lassen uns nachdenklich, manche tieftraurig und wieder andere besorgt zurück.

Sei schlau, mach's mit!

Eine etwas andere Sammelleidenschaft als Porzellanpuppen hegte ein Patient, zu dem wir unter dem Meldebild *Person hinter Tür* in ein Mehrfamilienhaus alarmiert wurden. Unter dem Meldebild *Person hinter Tür* versteht man normalerweise, dass sich ein Patient hinter einer verschlossenen Tür befindet und diese nicht mehr eigenständig öffnen kann. Der Notruf wird in solchen Fällen meistens durch Nachbarn ausgelöst, die überlaufende Briefkästen beobachten und beim Klingeln an den betreffenden Wohnungstüren (über längere Zeit) keine Reaktion erhalten. Daher werden zu dieser Art Einsatz in der Regel die Polizei, ein Rettungswagen und die Feuerwehr gerufen – weil unklar ist, welche Situation oder möglicherweise Gefahr sich hinter der verschlossenen Tür verbirgt. Der Rettungswagen rückt für einen medizinischen Notfall an, die Feuerwehr verfügt über diverse Möglichkeiten, eine Tür zu öffnen, und die Polizei ist vor Ort, um die Türöffnung zu überwachen, und geht als Erste in die Wohnung hinein.

Auch in diesem Fall war es so gewesen, dass ein Nachbar den klassischen »überlaufenden Briefkasten« bemerkt hatte und uns nach mehrfachem erfolglosem Klingeln an der Wohnungstür gerufen hatte. Zeitgleich mit uns traf die Feuerwehr ein und versuchte, im ersten Anlauf mit dem sogenannten Türfallengleiter die Tür zu öffnen. Diese Technik kann man sich ein bisschen so vorstellen, wie man es aus Filmen kennt, wenn Leute eine Kreditkarte durch den Türschlitz ziehen – bloß dass das echte Werkzeug ein flexibles Federblech ist. Diese Methode funktioniert nur bei Türen, die nicht abgeschlossen sind. Die Tür unseres Patienten war allerdings verriegelt. Somit verschafften die Feuerwehrmänner den Polizeibeamten Zutritt, indem sie mit einem speziellen Gerät, das sich *Zieh-Fix* nennt, den Schließzylinder aus dem Türschloss zogen.

Einer rechts-, einer linksherum, sicherten die Beamten die Wohnung.

»Ihr könnt rein, ich hab ihn!«, rief auch schon gleich einer der Polizisten.

Also trat ich ebenfalls ein, ging durch den kurzen Flur und fand den Patienten bereits im nächstgelegenen Zimmer auf einem Bürostuhl vor seinem laufenden Computer. Er trug lediglich ein ausgewaschenes, kaffeebeflecktes T-Shirt, war sehr korpulent und wirkte auf den ersten Blick reichlich ungepflegt. Ich schätzte ihn auf Anfang vierzig. Es schien, als sei er gerade in ein Computerspiel vertieft, doch die fahlgraue Haut und seine Regungslosigkeit verrieten: Er war tot.

Bei näherem Herangehen erkannte ich, dass auf seinem PC kein Computerspiel lief, sondern ein Porno, und er untenherum frei war. Über sein bestes Stück war ein Kondom gestülpt, und somit erschien es naheliegend, dass es infolge eines angestiegenen Blutdrucks entweder zu einem Schlaganfall oder einer Dekompensation des Herzens infolge der erhöhten Pumpleistung gekommen war – salopp gesagt: Sein Herz hatte die Anstrengung nicht verkraftet und die Todesursache war höchstwahrscheinlich ein Orgasmus. Das war das zweite Mal in meiner bisherigen Laufbahn, dass ich einen Patienten mittleren Alters gesehen habe, der auf diese Weise gestorben war. Wir machten nur noch ein EKG, um eine Nulllinie zu dokumentieren, und packten dann wieder zusammen. Alles Weitere, sprich einen Totenschein ausstellen und die Todesart, in diesem Fall *unklar*, festlegen, war Aufgabe des Notarztes, den wir nachforderten. Denn auch wenn alles nach einem Herzinfarkt oder Schlaganfall aussah, war nur die Rechtsmedizin dazu befugt, die Todesursache wirklich festzuschreiben.

Wir waren schon so gut wie aus der Wohnung raus, da stellte ich beim Verabschieden eine leichte Unruhe bei den Polizeibeamten fest. Sie hatten gerade eine Waffenlagerung und einiges an Munition entdeckt. Seitens der Polizei wurde daraufhin eine spezielle Einheit angefordert, um die Waffen zu begutachten und sicherzustellen.

Das war einer dieser Momente, in denen ich mir dachte: krass! Man schaut den Menschen immer nur bis vor den Kopf beziehungsweise bis vor ihre Haustür. Bestimmt wusste keiner der Nachbarn, dass sie Tür an Tür mit einem Mann lebten, der scharfe Waffen und Munition bei sich in der Wohnung lagerte. Wir fragten uns alle, wie er an diese Waffen gekommen war, und viel mehr noch, was er damit vorhatte. War er nur ein Sammler oder hatte er vielleicht grausame Pläne? Erfahren werden wir es wohl nie, aber das ist typisch Harlem.

Überalterung und Vereinsamung

Bei dem Meldebild *Person hinter Tür* gab es früher eigentlich nur zwei Ausgänge: Entweder der Patient war nicht anwesend oder tot. Durch die Überalterung unserer Gesellschaft ist jedoch ein weiteres Szenario dazugekommen: Der Patient liegt nackt auf dem Boden, meist in den eigenen Exkrementen, weil er auf dem Weg zur Toilette gestürzt ist und sich beispielsweise den Oberschenkelhals gebrochen hat. Insbesondere in Brennpunkten haben sich durch den demografischen Wandel die *Person hinter Tür*-Einsätze zu sehr unangenehmen und arbeitsintensiven Einsätzen entwickelt. Deshalb an dieser Stelle mein Appell: Wenn Sie ältere, allein lebende Verwandtschaft haben, besorgen Sie ein Sturzarmband und/oder ein Hausnotrufarmband. Wir wurden einmal zu einer Patientin alarmiert, weil laut ihrer Tochter das Sturzarmband ein Signal ausgelöst hatte, aber die Mutter nicht zu erreichen gewesen war. Als wir an der Einsatzstelle ankamen, trafen wir die vermeintliche Patientin vor ihrer Haustür an. Sie kam vom Einkauf. Es stellte sich heraus, dass sie auf dem Rückweg vom Supermarkt gestolpert war und zwei Herren ihr umgehend wieder auf die Beine geholfen hatten. So konnte die Mutter seelenruhig ihren Heimweg fortsetzen, während die Tochter sie zu Hause auf dem Festnetz natürlich nicht erreichen konnte und davon ausgegangen war, dass ihre Mutter bewusstlos oder bewegungsunfähig in der Wohnung lag. Für alle Beteiligten glücklicherweise ein Fehlalarm, dieser hätte sich aber auch genau so darstellen können, wie von der Tochter befürchtet, und dann wäre das Sturzarmband vielleicht der Lebensretter gewesen.

Nicht nur die Überalterung unserer Gesellschaft stellt unser System vor ganz neue Herausforderungen. Wir hören oft die Wortkombination »anonyme Großstadt«, aber ich glaube, hauptsächlich wir Rettungsdienstler erfahren, was sich hinter diesem Begriff wirklich verbirgt. Denn wir sehen die tatsächlichen Auswüchse und Auswirkungen der Anonymität an den Patienten, sehen ihre zunehmende Vereinsamung. Dadurch wird es möglich, beinahe unsichtbar nebeneinander zu existieren, ohne dass sich jemand für einen interessiert. Keine Verwandtschaft, keine Behörde, kein Hausarzt, keine Freunde. Manche Menschen haben tatsächlich niemanden. Sie leben wie Geister mitten unter uns. Wandeln, wenn überhaupt, über die Straßen, aber nichts, was sie tun, hat eine Relevanz für andere und das ist traurig.

Unsichtbares Leid

Wenn man mich nach einem Dienst in Harlem fragt, den ich auf diese Weise nie wieder erleben wollte, dann würde ich vermutlich den folgenden der nächsten vier Einsätze nennen, denn was Vereinsamung im Extremfall wirklich bedeutet, wurde mir an diesem Morgen vor Augen geführt: Wir wurden um 08:00 Uhr zu einem Mehrfamilienhaus in einer sozial schwachen Gegend gerufen. Ein Mann hatte die 112 gewählt, weil ein Nachbar nicht auf das Klingeln an der Tür reagierte. Nachbar A, der den Notruf abgesetzt hatte, wusste, dass Nachbar B körperlich sehr schwach war und die Wohnung schon lange nicht mehr verlassen konnte. Wir klingelten trotzdem, um uns anzukündigen, denn wir hörten, dass jemand zu Hause war, vermutlich lief der Fernseher. Wie erwartet, öffnete trotzdem niemand, und so alarmierten wir die Feuerwehr, die über eine gekippte Balkontür in die Wohnung gelangte. (Ein gekipptes Fenster ist für Menschen, die in eine Wohnung eindringen wollen, praktisch ein offenes Fenster.) Während wir vor der Tür warteten, dass uns der Kollege von der Feuerwehr öffnen würde, vernahmen wir aus dem Inneren der Wohnung plötzlich ein lautes Poltern. Eilige schwere Schritte näherten sich und mit einem Mal wurde die Tür hektisch aufgerissen und der Feuerwehrmann steckte nach Luft keuchend seinen Kopf nach draußen. Seine Hand bedeckte seinen Mund und er klang nasal: »Der Patient sitzt rauchend und eingekotet auf der Couch, mit einer Flasche Jägermeister auf dem Schoß!« Sogleich schlug uns durch den Türspalt ein entsprechender Geruch entgegen und ich rang mit dem Würgereiz in meinem Hals. In zehn Jahren musste ich noch nie so dermaßen mit meinem Geruchssinn kämpfen. Der Geruch von Kot, Urin, abgestandenem Zigarettenrauch und Restmüll füllte unsere Lungen. Am liebsten wäre ich unter Atemschutz dort hineingegangen. Die Kollegin zückte umgehend eine Flasche mit Desinfektionsmittel und versuchte, der Lage Herrin zu werden, indem sie es unter ihrer Nase verteilte. Ich machte einen Schritt in die dunkle, beengte Einzimmerwohnung und spürte sofort, dass meine Schuhsohle am Boden haften blieb. Schmutz? Verschüttete Getränke? Angetrockneter Urin? Ein gelber Sack stand angelehnt an einen großen Sauerstoffbehälter. Offensichtlich hatte der Patient eine Lungenerkrankung und war ständig auf Heimsauerstoff angewiesen. Überall waren Fruchtfliegen. Direkt vor meinen Füßen huschte eine Maus oder Ratte durch ein Loch im Müllsack und verschwand durch die geöffnete Balkontür. Ich versuchte, den aufkommenden Ekel zurückzudrängen, und folgte dem Zigarettenrauch ins Wohnzimmer, wo der Patient auf einer völlig lädierten und von Exkrementen durchtränkten Couch saß. Wenn man ein paar Jahre im Rettungsdienst fährt, dann sieht man immer wieder die gleichen verschmutzten Sofas, vor immer den gleichen Glastischen, die übersät sind mit der Asche zu vieler Zigaretten. Zumindest seine brennende Zigarette legte der Patient beiseite, als wir eintraten und er sich die Sauerstoffbrille wieder aufzog. Schließlich ist medizinischer Sauerstoff hoch entzündlich. Niemals sollte deshalb geraucht werden, während die Sauerstoffbrille auf dem Gesicht sitzt. Grundsätzlich kann schon eine Zigarette in der

Nähe des Sauerstoffschlauches reichen, um die Wohnung in Brand zu stecken.

Der Patient war völlig abgemagert und dehydriert. Seine Haut ausgetrocknet, sein Haar ganz dünn, fast durchsichtig.

»Ich kann nicht mehr«, rang er sich mit letzter Kraft ab.

»Wie lange sitzen Sie denn schon hier?«, wollte ich wissen.

Er atmete angestrengt. »Seit drei Tagen.«

Das erklärte diese menschenunwürdige Situation. Der Patient hatte ganz offensichtlich eine COPD, hierbei handelt es sich um eine chronische Atemwegserkrankung, die bei betroffenen Patienten schon den einfachen Gang zur Toilette zu einer körperlichen Herausforderung machen kann. In höheren Stadien ist deshalb die ständige Zufuhr von medizinischem Sauerstoff unumgänglich. Da er kaum noch Luft bekam und seine Kräfte ihn beinahe gänzlich verlassen hatten, war er auf seinem Sofa sitzen geblieben. Drei Tage lang. Ebenso hatte er in all dieser Zeit sämtliche Geschäfte auf diesem Sofa verrichtet, weshalb er mittlerweile in seinen Ausscheidungen festgetrocknet war. Um diesen Zustand noch irgendwie auszuhalten, hatte er angefangen, Schnaps zu trinken.

Für uns war klar: Hier geht es weniger um eine medizinische Behandlung als vielmehr um eine zügige Evakuierung. Die Kollegin holte einen Infektionsschutzanzug. Allerdings nicht für uns, sondern für den Patienten, damit wir ihn anfassen konnten, ohne mit jedem Griff in Exkremente zu fassen.

»So geht es nicht weiter«, stöhnte der arme Mann, als wir im Rettungswagen ankamen. Ehrlicherweise konnte ich nichts darauf erwidern. Denn ich kannte den schrecklichen Kreislauf, in dem er unfreiwillig gefangen war. Diese Krankheit verläuft in Schüben und bringt die Patienten wieder und wieder in extreme Atemnotzustände und an den Rand der totalen Erschöpfung.

Durch die Gabe diverser Medikamente, die jedoch besonders in fortgeschrittenen Stadien nur sehr kurzfristig helfen, sowie mit aufwendiger pflegerischer Zuwendung gelingt es phasenweise (nach Abklingen eines Schubes), die Patienten wieder etwas zu stabilisieren, doch die Erleichterung hält nie lange an. Man muss sich vorstellen, dass Menschen, die an einer COPD in diesem fortgeschrittenen Stadium leiden, permanent das Gefühl haben, zu ersticken, und durch den Sauerstoffmangel nicht nur psychisch, sondern auch körperlich völlig am Ende sind. Nicht mal der zugeführte medizinische Sauerstoff verändert dieses Empfinden und diesen Zustand nennenswert. Jede noch so kleine Bewegung wird zu einer wahnsinnigen Anstrengung und irgendwann zur Unmöglichkeit, weshalb eine Unterstützung durch eine Pflegekraft oder aber eine Heimunterbringung unumgänglich wird. Es war theoretisch unmöglich, diesen Mann nach dem Krankenhausaufenthalt nach Hause zurück zu entlassen. Er selbst wäre aufgrund seiner Erkrankung weder in der Lage, dieses Chaos zu beseitigen, noch in Zukunft Ordnung zu halten und sich selbst zu versorgen. Eigentlich dürfte er gar nicht mehr allein wohnen.

Tausende Gedanken beschäftigten mich auf der Fahrt ins Krankenhaus, und wie so oft waren wir an dieser Stelle mal wieder »froh«, nur für den Transport zuständig zu sein. Ich litt schon jetzt mit den Pflegern, die ihn säubern mussten. Und ich litt mit dem Mann, der in einem Schicksal aus Leid und Verwahrlosung gefangen war.

Als wir den Patienten in der Notaufnahme abgegeben hatten und die leere Trage zurück zum Rettungswagen schoben, steckten sich der Azubi und die Kollegin erst einmal Zigaretten an. Stressabbau. Ich desinfizierte meine Stiefel. Was wir gerade erlebt hatten, überstieg wirklich jedes Level, das wir bis dato gekannt hatten, und erinnerte mich einmal mehr an einen dieser Einsätze, nach denen man sich fühlte, als wäre man gerade aus einem Kanal emporgestiegen. Am liebsten hätte ich eine Dusche unter Desinfektionsmittel genommen, und wenn es möglich gewesen wäre, dann hätte ich nicht nur meinen Körper, sondern auch meine Psyche gereinigt.

Einsam zweisam

Nachdem unser Fahrzeug vom vorherigen Einsatz aufbereitet war, fuhren wir am Krankenhaus los und meldeten uns wieder frei. Noch nicht auf der Wache angekommen, zeigte uns der Melder einen weiteren Einsatz an: *Allgemeinzustand Verschlechterung*. Wir kannten die Adresse nicht und folgten dem Navigationssystem zur Einsatzstelle. Je näher wir der Zielstraße kamen, desto lauter wurde die Stimme in meinem Kopf: Das darf jetzt nicht wahr sein ... Genau neben der Straße, in der wir unseren vorherigen Einsatz gehabt hatten, lag eine etwas größere Sackgasse, die unser Ziel war. Wir fuhren in die Straße ein, die rechts und links von ausgeblichenen weißen, teils baufälligen zweistöckigen Mehrfamilienhäusern gesäumt war. Ich betrachtete das Haus, zu dem wir gerufen worden waren: Die Eingangstür, in der Mitte des Hauses, sowie symmetrisch einander gegenüberliegende Fenster unterteilten das Gebäude augenscheinlich in vier Parteien. Drei von insgesamt acht Fenstern waren mit Pressspanplatten notdürftig zugebaut, da die Scheiben fehlten. Gegen ein heruntergelassenes Rollo war offensichtlich ein Eimer Wandfarbe geschüttet worden. Die Farbe war angetrocknet. Der Putz bröckelte von der Fassade und zwischen den Bodenplatten auf dem Gehweg sprossen Unmengen Unkraut hervor.

Unsere Einsatzstelle befand sich oben links. Eine Wohnung mit zwei intakten Fenstern. Ich ging voraus und nahm zwei Stufen auf einmal. Am Treppenaufgang erwartete mich eine ältere Frau mit dünnem, offenem weißem Haar. Sie trug nur ein loses Hemd, das gerade mal bis zu ihren Oberschenkeln reichte und mich an die Leibchen der Hauselfen in *Harry Potter* erinnerte.

»Guten Tag, wie können wir Ihnen helfen?«, fragte ich sie.

»Mein Mann will nicht essen«, antwortete die Frau und führte uns durch ein sehr beengtes, zugestelltes Wohnzimmer ins Schlafzimmer. Der Raum war gänzlich vom Bett ausgefüllt, in dem ihr Mann, ebenfalls nur halb bekleidet, in seinen Exkrementen lag. Die Kollegen kamen hinter mir her und ich sagte leise zu ihnen: »Exakt das Gleiche noch mal.« In dem vorherigen Einsatz hatten wir einen allein lebenden Mann gehabt, der sich selbst nicht mehr versorgen konnte, und hier waren es nun zwei Menschen, die auf sich gestellt waren und ihren Alltag nicht mehr bewerkstelligen konnten. Die Frau war psychisch auffällig, das erkannten wir sofort. Sie nahm überhaupt nicht wahr, dass ihr Mann vermutlich bereits seit ein paar Tagen schon in seinen eigenen Ausscheidungen lag. Er war nicht mehr fähig, sich selbstständig zu bewegen, neben ihm auf der Matratze standen Teller mit verschimmeltem Essen. Die Kollegen warfen ebenfalls einen Blick ins Schlafzimmer und ließen beide kurz die Köpfe hängen und die Schultern sacken. Wirklich keiner von uns hatte die Energie, den gleichen Fall wie eben noch einmal durchzuspielen, aber uns blieb wohl nichts anderes übrig.

»Wann war Ihr Mann denn das letzte Mal auf der Toilette?!«, fragte meine Kollegin die Ehefrau, um herauszufinden, wie lange der Patient dort wohl tatsächlich schon lag.

»Ich weiß es nicht, ich habe ihm ja was zu essen gemacht, aber er isst es einfach nicht.«

Ein letztes Mal wanderte mein Blick über das braun eingefärbte Bettlaken, und meine Kollegin sagte: »Ich hol mal den Transportstuhl.«

Währenddessen versuchten der Azubi und ich vergeblich, weitere Informationen aus der Ehefrau herauszubekommen, die allerdings überhaupt nicht in der Lage war, den eigenen Zustand beziehungsweise ihre Umwelt einzuschätzen. Kurz darauf kam die Kollegin mit dem Stuhl nach oben, doch der passte nicht durch die Schlafzimmertür. Ich, der am nächsten zu dem Patienten stand, musste ihn also aus dem Bett heben. Sicher haben Sie diesen Griff, der einer Umarmung gleicht, schon mal beobachtet. Der Patient legt dabei die Hände um den Hals des Rettungs- oder Pflegepersonals. Es entsteht ein enger Körperkontakt, der mich in diesem Fall wirklich Überwindung gekostet hat. Mit dem Kot Fremder in Berührung zu kommen, ist einfach nicht angenehm.

Den Stuhl hatte die Kollegin bereits mit einem Laken ausgekleidet, weil eine direkte Exposition von Exkrementen mit unserem Material vermieden werden sollte. Während ich gerade den halbnackten Patienten umgriff, um ihn auf den Stuhl zu heben – und dabei versuchte, nicht zu atmen –, fragte die Ehefrau ganz freundlich: »Darf ich Ihnen vielleicht einen Kaffee anbieten?«

Ganz ehrlich, in diesem Moment kam ich mir ein bisschen vor, als würde ich gleich selbst den Verstand verlieren. In meinem Kopf machte sich ein schrilles, irres Lachen breit. Diese Frage war derart skurril, in dieser unpassenden Situation, dass ich mich wie in einer schlechten Komödie fühlte. So etwas konnte unmöglich wahr sein. Gleichzeitig verzweifelte ich an dem Gedanken, in welchen Zuständen diese armen Menschen lebten. Man konnte beinahe von Glück für die Ehefrau reden, dass sie die Realität nicht mehr richtig mitschnitt.

Also evakuierten wir auch diesen Patienten aus einem völlig desaströsen und vereinsamten Umfeld. Auf der Fahrt ins Krankenhaus fragte ich mich erneut, wie es eigentlich sein kann, dass Menschen auf diese Weise vor sich hin existieren, völlig abgehängt von der Gesellschaft. Im Krankenhaus wiesen wir wie immer in Fällen dieser Art darauf hin, dass man den Patienten unmöglich in sein häusliches Umfeld zurück entlassen konnte, aber ob tatsächlich etwas in die Wege geleitet wurde, erfuhren wir nicht. Unser Einblick in die Leben der Patienten beginnt stets mit dem Betreten ihrer Wohnungen und endet an der Pforte der Notaufnahme.

Und so standen wir also zum zweiten Mal am selben Tag vor dem Krankenhaus. Ich sah erneut, wie die Kollegen sich ihre Zigaretten anzündeten und fassungslos ins Leere starrten. Solche Einsätze lassen niemanden kalt. Zweimal hintereinander hatten wir Versorgungsprobleme gelöst, aber besser fühlte sich keiner von uns. So fing ich bloß wieder damit an, mich zu desinfizieren. Erst die Schuhe, dann die Hände. Die Hände sogar mehrfach, weil es sich anfühlte, als würden der Schmutz, die Bakterien und auch das Leid und das Schicksal der Menschen noch daran kleben.

Aus den Augen, aus dem Sinn

Ungeschriebenes Rettungsdienstgesetz: Meistens ist es mit solchen Einsätzen ein bisschen wie bei einer Kettenreaktion – ein Drama reiht sich ans nächste. An solchen Tagen ist der sprichwörtliche Wurm drin. Selten nimmt der Dienst eine überraschende Wende, wenn er so angefangen hat. Getreu diesem Motto kamen wir auch vor unserem dritten Einsatz erst gar nicht auf der Wache an und ein weiteres Mal hieß es: *Allgemeinzustand Verschlechterung.*

Das Navi führte uns zu einem fünfstöckigen Wohnhaus, das uns aus vergangenen Schichten schon bekannt war und in dem einen erfahrungsgemäß nie etwas Gutes erwartete. Im Erdgeschoss hatten Jugendliche eine ältere Dame im Eingangsbereich ihrer Wohnung liegend vorgefunden und den Notruf gewählt. Die Dame war gestürzt, hatte augenscheinlich aber keine großen Verletzungen, sodass sie eigentlich nicht unbedingt mit in die Notaufnahme gemusst hätte. Als wir sie jedoch in ihre Wohnung begleiteten, erkannten wir schnell: Wir konnten sie nicht hierlassen. Vor uns befand sich wieder eine Einzimmerwohnung, die einer einzigen Müllhalde glich. Überall auf dem Fußboden lagen ungeöffnete Briefe, auf dem Küchentisch stapelten sich Belege – ganz oben auf einer aus dem Jahr 1980. In der Spüle stand benutztes Geschirr mit verkrusteten Essensresten, und es war auf den ersten Blick ersichtlich, dass die Frau nicht mehr in der Lage war, sich selbst zu versorgen. Sie war zeitlich auch nicht orientiert, wie ich unzusammenhängenden Einträgen aus einem offen liegenden Notizbuch entnahm. Schätzungsweise lag eine Demenzerkrankung vor. Mit Mühe und Not bekamen wir über Notizzettel, die im Flur auf einer Anrichte herumlagen, heraus, dass die Patientin eine Tochter hatte, die in den Niederlanden wohnte. Umgehend rief ich diese an und erklärte ihr die Situation.

»Ja, das ist mir bekannt«, erwiderte die Tochter. »Ich wollte sie deshalb schon in einem Pflegeheim unterbringen lassen, aber sie möchte das nicht und gegen ihren Willen kann ich nichts unternehmen.«

Ich war nicht überrascht, das zu hören. Das kennt man von alten Leuten. Auch wir erleben es immer wieder, dass Patienten nicht mit ins Krankenhaus kommen wollen, obwohl es absolut notwendig ist. Würden wir einen schwerverletzten Patienten deshalb zurücklassen? Wohl kaum. Mit ein wenig Überzeugungsarbeit kommt am Ende jeder mit – und das, ganz ohne dass wir uns mit dem Patienten prügeln oder ihn zwingen. Natürlich gibt es auch jene Fälle, bei denen wir empfehlen, den Patienten mitzunehmen, allerdings vertreten können, sein Nein zu akzeptieren, wenn sich der Patient beispielsweise direkt in hausärztliche Überwachung begibt. Aber eine ältere Dame, die nicht mehr wirklich orientiert ist und vor lauter Stolperfallen in ihrer Messie-Wohnung keinen Schritt gehen kann, ohne hinzufallen, können wir wohl kaum einfach sich selbst überlassen. Spätestens an diesem Punkt zeigt sich das allseits bekannte Helfersyndrom, das uns gerne unterstellt wird. Ich versuchte also weiterhin, der Tochter ins Gewissen zu reden: »Wir bringen Ihre Mutter nun erst einmal ins Krankenhaus. Vermutlich liegt bereits eine demenzielle Erkrankung vor. In dem Fall steht ohnehin zur Diskussion, ob sie noch für sich selbst entscheiden kann und nicht vielleicht doch in einem Heim aufgenommen wird.«

Die Tochter hörte sich alles an, dann erwiderte sie: »Okay, machen Sie das. Ich lebe, wie Sie ja wissen, in Holland. Von hier aus kann ich nicht viel machen.« Sie legte auf und ließ mich sprachlos zurück.

Dieser Einsatz zeigt: Auch wer Verwandtschaft hat, kann einsam sein.

Wir erleben es nicht selten, dass Angehörige uns rufen, um einen Familienangehörigen im Heim unterbringen zu lassen, weil sie allein nicht weiterkommen. Selbst wenn das vielleicht nicht der gängige Weg sein sollte, ist es immer noch besser, als aus der Ferne dabei zuzusehen, wie die eigene Mutter oder der eigene Vater zu Hause verwahrlost. Selbst nach zehn Jahren im

Dienst und bei allem, was ich schon gesehen und erlebt habe, lässt mich so viel Kaltschnäuzigkeit nicht unberührt. Doch egal, wie sehr ich mir im Nachhinein Gedanken mache, ich werde in diesem Fall, wie auch in den allermeisten anderen, niemals erfahren, wie die Geschichte der Menschen, in deren Leben ich während eines Einsatzes bruchstückhaft hineinblicke, weitergeht.

Wenig gerettet, viel geholfen

Das waren die ersten drei Einsätze an diesem Tag. *Wenig gerettet, viel geholfen,* sagen wir unter Kollegen gern.

Durch das mehrfache mühselige und zeitintensive Grundreinigen des Fahrzeugs – wir fanden nach dem dritten Einsatz sogar noch Fruchtfliegen vom ersten Patienten – war die Hälfte des Dienstes bereits vorüber. Getreu der Kettenreaktion, die ich erwähnt habe, durfte während einer solchen Schicht natürlich eins nicht fehlen: der Adenauerplatz. Und so wurden wir ein weiteres Mal, kurz vor Erreichen der Wache, alarmiert. *Hilflose Person,* lautete das Meldebild, und wir wussten bereits während der Anfahrt: Retten würden wir auch jetzt nicht.

Wir fuhren also auf den Adenauerplatz und fanden auf den Treppenstufen den Patienten, dessen Kopf nicht symmetrisch, sondern auf der linken Seite massiv eingedellt war. Sie erinnern sich vielleicht aus dem ersten Kapitel an diesen Patienten, den wir beinahe täglich stark betrunken einsammelten und in die Notaufnahme brachten. In Schlafposition campierte er auf dem Beton. Sein Sitznachbar, selbst auch auf Krücken unterwegs, übergab uns die Situation wie folgt: »Er hat gerade eine Flasche Schnaps geext und schläft jetzt.«

»Okay. Und woraus besteht jetzt der Notfall?«, fragte meine Kollegin.

»Sie sehen doch, der ist bewusstlos«, meinte der Sitznachbar.

Meine Kollegin fasste zusammen: »Also, er saß hier nüchtern, entschied sich dann dafür, eine Schnapsflasche zu exen, liegt daraufhin stark alkoholisiert hier, und wir sollen ihn jetzt mit Blaulicht ins Krankenhaus bringen, damit er seinen Rausch ausschläft?!« Ungläubig schüttelte sie den Kopf.

»Na ja, der kann doch nicht hier liegen bleiben!«, erwiderte der Sitzkumpan.

»Vielleicht können Sie ihn einfach im Blick behalten«, schlug ich diplomatisch vor.

»Nee, das geht nicht, ich bin gleich weg«, antwortete der Typ, und ich fragte mich, was er wohl noch für wichtige Termine haben mochte … aber gut …

Wir rüttelten den Patienten also kräftig an den Schultern und erhielten ein leichtes Zucken und ein leises Stöhnen als Lebenszeichen. Also holte der Azubi die Trage, wir legten den betrunkenen Patienten darauf und fuhren ins Krankenhaus.

Mit jedem Einsatz dieser Art wuchs unser Frust. Denn auch wenn es hart klingt: Mehr als diese »stupide« Arbeit hatten wir den ganzen Tag nicht gemacht. Leute auf die Trage legen und transportieren. Das war unsere Haupttätigkeit, eine gesamte Schicht lang. Wiederholt sich diese Eintönigkeit Dienst um Dienst, verstehen Sie vielleicht, warum ich in einem vorherigen Kapitel davon gesprochen habe, dass ich am Auftreten der Kollegen erkenne, aus welchem Einsatzgebiet sie kommen. Denn es besteht die Gefahr, dass man in einen Strudel gerät, und irgendwann gibt es womöglich nur noch *auf die Trage legen, fahren, auf die Trage legen, fahren,* und so geht der Rhythmus weiter. Es kann durchaus passieren, dass Kollegen durch dieses Muster den Anspruch an sich selbst sowie die Kerntätigkeit aus den Augen verlieren. Unter Umständen werden Patienten schlecht versorgt im Krankenhaus abgegeben, weil der wirkliche Notfall im Wimmelbild aus Kot, Urin, Müllbergen und Hilflosigkeit gar nicht mehr erkannt wird oder gar wichtige Behandlungsmaßnahmen nicht mehr sofort abrufbar sind, da sie schlichtweg über Monate nicht angewendet wurden.

Ich erinnere mich an einen Einsatz mit einem älteren Kollegen, der anscheinend durch diese immer wiederkehrende Routine des reinen Abtransportierens plötzlich vor einem bewusstlosen Patienten stand und fragte: »Wie geht noch mal die stabile Seitenlage?«

Wir wurden zu einer bewusstlosen Person in den fünften Stock eines Altbaus alarmiert. Es ging ein enges Treppenhaus nach oben, und es war eines dieser Treppenhäuser, bei denen die Holztreppen mit jedem Tritt so sehr knarzten, dass man Angst hatte, beim nächsten Schritt würde das Treppenhaus noch vor dem Patienten kollabieren. Als wir oben angelangten, ging es zu einem fünfzehnjährigen Jugendlichen, der am ehesten einen epileptischen Anfall erlitten und jetzt in der Nachschlafphase war. Man muss sich vorstellen, dass während eines Krampfanfalls alle Muskelgruppen derart beansprucht werden, dass im Anschluss an den Anfall eine Art Erschöpfung eintritt. Diese Erschöpfung äußert sich im sogenannten Terminalschlaf, wobei wir den Zustand nach dem Krampfgeschehen auch als postiktal bezeichnen. Vor uns lag also ein postiktaler und bewusstloser Jugendlicher, dessen Atmung allerdings vorhanden war. Der Notarzt wies daraufhin seinen Fahrer an, den Patienten in eine stabile Seitenlage zu legen, bis er aufklaren würde. Doch wie beschrieben: Der Kollege konnte die Maßnahme nicht abrufen. Zu seiner Verteidigung muss ich sagen, dass die stabile Seitenlage tatsächlich nicht so oft zum Einsatz kommt. Beispielsweise habe ich, auch wenn Reanimationen nicht die tägliche Praxis darstellen, bestimmt schon öfter reanimiert als Patienten in die stabile Seitenlage gelegt. Dennoch: So etwas sollte für uns ein Alarmsignal sein, uns immer wieder selbst zu überprüfen.

Wo die Liebe hinfällt

Etwas, das ich am Rettungsdienst immer wieder mit Ehrfurcht beobachte, ist die Unerschöpflichkeit der unterschiedlichen Lebensumstände und Schicksale. Ich gehe in so vielen Wohnungen ein und aus und denke, ich habe schon alles gesehen und erlebt, aber dann stolpere ich doch wieder über etwas noch nicht Dagewesenes.

Es war ein Tagdienst in der Vorweihnachtszeit, der unaufgeregt vor sich hin plätscherte. Gegen 18:30 Uhr wurden wir zu unserem »Lieblingsmeldebild« alarmiert: *Verschlechterung Allgemeinzustand*. Eine Erfahrung, die ich in meiner Dienstzeit gemacht habe, ist, dass Einsätze kurz vor Feierabend nie »schnelle Nummern« sind. Auch auf diesen Einsatz sollte das zutreffen. Unsere Zieladresse lag in einer für Harlems Verhältnisse gehobeneren Ecke, bestehend aus »normalen« Mehrfamilienhäusern.

Eine knapp siebzigjährige Frau hatte wegen ihres Mannes den Notruf gewählt.

»Der verblutet!« Mit diesen Worten fing sie uns bereits an der Eingangstür der Erdgeschosswohnung ab und wir folgten ihr durch einen gepflegten Flur ins Schlafzimmer. Dort lag der Ehemann auf dem Fußboden neben dem Bett. Und zwar mit dem Kopf am Fußende. Demnach war er nicht seitlich hinausgerollt. Das weiße Laken war mit bräunlichen Streifen übersäht und im Raum roch es nach Kot.

Wo die Anruferin sehr gepflegt aussah, traf auf ihren Ehemann das komplette Gegenteil zu. Er trug lediglich schmutzige Unterwäsche, sonst nichts.

»Was ist hier passiert?«, fragte ich die Ehefrau.

»Der liegt da und kommt nicht hoch, der blutet auch, schauen Sie mal aufs Bettlaken.«

Etwas ungläubig schauten wir erst die Frau und dann das Bettlaken an, denn weder hatten die Flecken die Farbe von geronnenem Blut noch den Geruch. Ich ging einen Schritt auf den schlafend anmutenden Mann zu und bewegte ihn an der Schulter, während ich ihn ansprach: »Hallo, können Sie mich verstehen?«

Er wurde wach und stieß meine Hand weg. Dabei grummelte er etwas Unverständliches und mir stieg eine penetrante Alkoholfahne in die Nase.

»Hat er getrunken?«, fragte ich die Ehefrau.

»Ja, den ganzen Tag trinkt er nur«, antwortete sie mit einem vorwurfsvollen Ton, und mir wurde klar, dass er wohl ein Alkoholproblem hatte. Ich sah die gepflegte, nette Dame an und war mal wieder überrascht, was man auf den zweiten Blick alles wahrnimmt ...

»Hat er denn nur Alkohol getrunken?«, erkundigte sich meine Kollegin.

»Nein, er hat auch Tilidin-Tabletten genommen.«

Bei Tilidin handelt es sich um ein schmerzstillendes Opioid. Ebenfalls zur Gruppe der Opioide zählen zum Beispiel Morphium oder Fentanyl. Aus dem Opioid Morphin wird zum Beispiel Heroin gewonnen. Die Wirkung dieser Opioide lässt sich mit dem Medikament Naloxon aufheben. Da Tilidin, wie viele

Opioide, die Gefahr einer Abhängigkeit birgt, sind in Deutschland über ein normales Rezept nur sogenannte Retardtabletten erhältlich. Diese geben die Wirkung verzögert, *retardiert,* ab, was durch die Kombination mit dem Gegenspieler, Naloxon, in geringer Beimischung erreicht wird. Tilidin ohne die Naloxon-Beimischung gibt es ausschließlich gegen Vorlage eines gesonderten Betäubungsmittelrezepts. Tilidin wird wegen seiner zusätzlich euphorisierenden Wirkung auch häufig als Droge missbraucht.

»Warum nimmt er das Tilidin?«, hakte die Kollegin nach.

»Weil er abhängig ist«, antwortete die Frau hörbar verärgert über diesen Zustand. Sie erklärte, dass er vor zwei Jahren eine Operation am Rücken gehabt hatte und es ihm deshalb verschrieben worden war. Seither würde er allerdings nicht mehr davon wegkommen und nahezu durchgängig entweder betrunken oder berauscht sein. Die Frau beklagte, dass sie bereits Nächte auf der Terrasse verbracht hatte, weil ihr Mann im Rausch so aggressiv gewesen sei, dass sie nicht mit ihm im selben Zimmer beziehungsweise in einer Wohnung schlafen konnte. (Tilidin kann nicht nur »angenehme« Zustände auslösen wie Euphorie oder Schmerzfreiheit, sondern mitunter auch Aggressionen steigern.)

Diese Art von Einsatz bezeichnen wir in der Branche übrigens als »Problemlösungseinsatz«. Es liegt meist keine akute Lebensgefahr vor, weshalb ausreichend Zeit bleibt, um einem Angehörigen ausführlich zuzuhören, wie sich die Kranken- beziehungsweise Lebensgeschichte eines Patienten gestaltet und inwiefern sich der Angehörige mit diesem Zustand überfordert sieht. Unsere Aufgabe ist es dabei, Verständnis zu zeigen, Lösungen anzubieten, aber auch Zuständigkeiten aufzuzeigen. Die Zuständigkeit für einen aggressiven Patienten liegt zum Beispiel bei der Polizei. Während ich der Dame also zuhörte und meine Blicke durch den Raum schweifen ließ, fiel mir auf, dass der Blister der Tilidin-Tabletten noch nahezu voll war. Das machte mich stutzig, weil die OP laut Aussage der Frau schon zwei Jahre her war.

»Warum genau bekommt Ihr Mann denn jetzt immer noch Tilidin verschrieben, wenn er danach süchtig ist?«, wollte ich wissen und sie antwortete ganz offen: »Oh, er bekommt es nicht verschrieben. Er schickt mich immer los, um die Tabletten zu holen.«

Auf dem Gesicht meiner Kollegin machte sich ein irritierter Ausdruck breit. »Wie können Sie die Tabletten denn ohne Rezept holen?«

»Ach, wissen Sie, es gibt ein paar Apotheken, da legen Sie einfach das Geld auf den Tisch und dann geht das auch ohne Rezept. Man muss nur wissen, wo.«

Schweigen. Bei uns allen. Hatte ich mich verhört? Oder stellte ich bloß mal wieder fest, dass ich trotz aller Erfahrungen in meiner Laufbahn scheinbar immer noch viel zu blauäugig durch die Welt lief? Apotheken waren für mich die letzte Bastion der Rechtmäßigkeit gewesen; dass es auch in dieser Branche ein paar schwarze Schafe gibt, hat mich ehrlich geschockt.

In diesem Zustand konnten wir den Patienten jedenfalls nicht vor Ort lassen, gänzlich alkoholisiert und berauscht. Ehrlicherweise sorgten wir uns auch um seine Frau, die, allein mit ihm in der Wohnung seinen Aggressionen hilflos ausgesetzt war.

»Nun gut«, sagte ich. »Wir müssen ihn erst mal mit ins Krankenhaus nehmen.«

»Nichts da, verpisst euch!«, brummte der Patient und schlug ein weiteres Mal meine Hand weg.

»So können wir Sie auf keinen Fall hierlassen. Sie sind nicht in der Lage, selbstständig zu sitzen oder zu stehen. Sie können entweder mit uns kommen oder wir müssen die Polizei hinzuziehen und die Kollegen begleiten Sie dann hinaus. Wie ist es Ihnen lieber?«

»Gar nichts, lasst mich!«, antwortete der Herr sichtlich angesäuert.

Wie ich an anderer Stelle bereits erwähnt habe, prügeln wir uns nicht mit Patienten, die nicht mitkommen wollen. Da Überredungsversuche zu diesem Patienten nicht mehr durchdrangen, alarmierten wir einen Notarzt nach, der die Entscheidungsgewalt darüber hatte, wie hier weiter verfahren werden würde. Nur einem Arzt obliegt die Möglichkeit, den Patienten wegen Unzurechnungsfähigkeit gegen seinen Willen dem Krankenhaus zu überstellen.

Unterdessen verließen die alte Dame zunehmend ihre Kräfte.

»Ich kann das alles nicht mehr, ich möchte das auch nicht«, seufzte sie.

»Wie lange sind Sie denn verheiratet?«, erkundigte sich meine Kollegin.

»Zwei Jahre«, erwiderte die Frau niedergeschlagen und ich war zugegebenermaßen etwas überrascht. Eine Frau heiratete mit achtundsechzig und zwei Jahre später stellte sich so ein Desaster dar? Das hörte man nicht allzu oft. Deshalb fühlten wir ihr weiter auf den Zahn, und es kam heraus, dass der erste Ehemann der Frau im Alter von achtundfünfzig Jahren verstorben war. Ihr Sohn, ein Pilot, war viel unterwegs und die Frau hatte sich einsam gefühlt. So hatte sie sich nach zehn Jahren Witwendasein dazu durchgerungen, wieder jemanden kennenzulernen. Wir staunten nicht schlecht, als wir erfuhren, wie: auf einer Dating-Plattform. Er kam aus Hessen, sie aus dem Rheinland, und am Anfang war alles so rosarot, dass er schon bald zu ihr gezogen war und sie geheiratet hatten. Aber die Harmonie herrschte nicht lange vor. Denn schon nach kurzer Zeit begann die Abhängigkeit und sie wurde Opfer seiner Aggressionen. Je länger ich ihr zuhörte, desto lauter schrillten bei mir die Alarmglocken. Die Dame war wohl recht vermögend, hatte die Wohnung und anderes Eigentum finanziert, wohingegen er nichts mit in die Ehe gebracht hatte.

»Wissen Sie, so habe ich mir das alles nicht vorgestellt«, erwähnte sie traurig. »Ich wollte einen Hund haben, mich um den Garten kümmern, Zeit mit meinen Enkelkindern verbringen. Aber jetzt ist der hier und macht mir meinen Lebensabend zur Hölle!«

»Wieso werfen Sie ihn nicht raus?«, fragte meine Kollegin vor lauter Mitleid vorschnell.

»Als ob der sich von mir an die Luft setzen lassen würde!« Es war offensichtlich, dass sie ihm körperlich unterlegen war, und so, wie wir ihn hier erlebten, wirkte er tatsächlich sehr unzugänglich.

Während wir auf den Notarzt warteten, rief der Sohn der Frau an. Sie sprach kurz mit ihm und drückte mir dann das Telefon in die Hand. Der Sohn fasste kurz zusammen, was wir schon wussten: »Dieser Mann terrorisiert meine Mutter, sie hat Angst vor ihm, da muss etwas getan werden!«, insistierte er am Telefon.

»Das sehe ich ähnlich«, antwortete ich. »Allerdings sind wir weder Scheidungsanwälte noch Standesbeamte, wir können niemanden notfallmäßig scheiden. Wir können ihn in ein Krankenhaus bringen, aber dort wird er nicht lange bleiben. Sie sollten sich gemeinsam mit Ihrer Mutter das weitere Vorgehen überlegen.«

»Das geht leider nicht, ich bin Pilot und viel unterwegs.«

Und dann stand ich da also ein paar Minuten später mit einem tutenden Telefon in der Hand und der wiederkehrenden

Erkenntnis: einsam trotz Angehörigen. Auf der einen Seite erkannte der Sohn, dass seine Mutter terrorisiert wurde, auf der anderen Seite schob er jede Verantwortung mit dem Zeit-Argument von sich. An solchen Fallbeispielen zeigt sich, wie schnell Menschen überfordert sein können und auf externe Unterstützung angewiesen sind. Die Frau hatte alles einfach so hingenommen, weil ihr die Kraft für aktive Bemühungen fehlte, um die Situation zu ändern. Und auch der Sohn schien nicht die Energie gehabt zu haben, seiner Mutter aus der Situation rauszuhelfen. Wer also nicht auf einen produktiven Familienzusammenhalt zählen kann, für den wird es leider wirklich schwer.

Irgendwann traf die Notärztin ein und hörte sich unsere Übergabe an. Sie schlug die Hände über dem Kopf zusammen. »Wieso lassen Sie sich nicht scheiden?«, fragte sie entsetzt.

»Geht das denn so einfach?« Die alte Dame klang verunsichert.

»Auf jeden Fall! Das müssen Sie sich nun wirklich nicht antun!«

Der Fahrer des Notarzteinsatzfahrzeugs kam schließlich auch hinzu und ging etwas robuster vor. Prompt setzte er den Mann auf das Bett. »So, los geht's! Wir fahren Sie jetzt.«

Und siehe da, seine Entschlossenheit ersparte es uns, die Polizei zu rufen, und es wurde möglich, den Mann ins Krankenhaus zu transportieren.

Ich war richtig erleichtert für die Frau, dass sie einen kleinen Moment aufatmen konnte, und hoffe wirklich sehr, dass sie es geschafft hat, sich aus diesem Elend zu befreien. Was aus den beiden geworden ist, weiß ich leider, wie so häufig, nicht.

Psychoterror nicht »nur« für die Patienten

In dem Kapitel über meinen schlimmsten Einsatz habe ich bereits angedeutet, dass neben der Tragik des Ereignisses auch das Zusammentreffen mit Angehörigen belastend für uns Rettungskräfte werden kann. Das stelle ich immer wieder fest, wenn wir beispielsweise zu suchtabhängigen oder psychisch kranken Patienten gerufen werden – nicht nur in Harlem, sondern in jedem Einsatzgebiet. Ob reich oder arm, Chefarzt oder Bauarbeiter, Abhängigkeiten und/oder psychische Störungen kommen in den besten Familien vor und sind kein exklusives Brennpunktproblem. Was sich bei Suchtpatienten wie auch psychotischen Patienten auffällig überschneidet, ist, dass wir meist von den Angehörigen alarmiert werden, die den Zustand des betreffenden Patienten nicht länger ertragen können oder wollen. Sie verzweifeln an der Veränderung des Familienmitgliedes, die mit der Erkrankung beziehungsweise dem Suchtverhalten einhergeht, und fühlen sich überfordert. Die Patienten selbst jedoch wollen meist keine Hilfe durch uns annehmen, und abgesehen davon sind wir auch nicht dazu befugt, ohne deren Zustimmung »einzugreifen«, solange Leib und Leben nicht bedroht sind. Wir können die Patienten nicht dazu zwingen, beispielsweise »die Flasche stehen zu lassen« und gesund zu leben, auch wenn der Zustand ausgesprochen bedauernswert ist. Es gibt schließlich kein Gesetz, das Alkoholmissbrauch verbietet – mag er gesellschaftlich noch so geächtet sein. Gleichermaßen können wir psychisch kranke Patienten nicht einfach mitnehmen und gegen ihren Willen »wegsperren« oder therapieren lassen, solange sie keine Gefahr für sich oder andere darstellen.

Lediglich Patienten, die, bedingt durch eine psychiatrische Erkrankung, eine akute Gefahr für sich selbst, andere oder gegenüber bedeutenden Rechtsgütern verkörpern, kann man, salopp ausgedrückt, »zwangsunterbringen« lassen. Darauf gehe ich im Verlauf dieses Kapitels noch näher ein. Starten wir aber erst einmal mit einem eher klassischen Fall von: »Hallo, Rettungsdienst? Den oder die müssen Sie unbedingt mitnehmen!«

Wenn die Sucht die Familie tyrannisiert

Die Einsätze, die uns im Alltag am häufigsten begegnen, sind nicht die, bei denen Patienten unter Zwang »abtransportiert« werden. Nichtsdestotrotz werden wir genau darum oft aus Verzweiflung der Angehörigen gebeten. So auch im folgenden Einsatz: Ein Notruf, nicht aus Harlem, sondern in einem einkommensstärkeren Teil derselben Stadt, erreichte die Leitstelle. Eine Mutter hatte die 112 gewählt und fing uns bereits an der Haustür des Einfamilienhauses ab, das an einer Hauptstraße gelegen war. Wir folgten ihr durchs Wohnzimmer in den Garten. An einem Terrassentisch saß eine junge Frau. Eine geöffnete Flasche Wein und ein leeres Glas standen vor ihr. Als sie uns erblickte, herrschte sie ihre Mutter an: »Du hast den Rettungsdienst gerufen? Spinnst du?« Ihre Zunge lag schwer in ihrem Mund und sie warf ihrer Mutter einen verächtlichen Blick zu.

»Sehen Sie? Das muss ich den ganzen Tag mitmachen!«, stöhnte die Mutter und ignorierte den missbilligenden Ton ihrer Tochter.

»Oh ja, du bist die Ärmste hier von uns!«, pflaumte die Tochter zurück und schenkte sich Wein nach. Sie nahm einen großen Schluck, dann musterte sie uns mit verschwommenem Blick. »Also, Mama, sag schon! Was soll das hier werden?«

»Was das soll?« Die Mutter lehnte sich über den Tisch und griff nach dem Weinglas. Sie kippte den Inhalt auf die Wiese. »Ich kann mir das nicht länger ansehen! So kann es nicht weitergehen! Du zerstörst dich! Und mich auch. Jeden Tag schüttest du dieses Zeug in dich rein.«

»Frag dich mal, warum ich mir *dieses Zeug* reinschütte, Mutter! Das ist doch alles nur deine Schuld!«

»Hab ich dir etwa den Wein vorgesetzt?« Die Mutter nahm nun auch die Flasche und kippte den Rest Wein daraus wutentbrannt ins Gras.

»Ey! Du hast sie nicht mehr alle!«, schrie die Tochter. »Jetzt kannst du mir einen neuen kaufen!«

Kopfschüttelnd wandte sich die Mutter nun wieder an uns. »Sehen Sie, warum ich Sie gerufen habe? Ich komme nicht an sie heran. Und ich kann das alles auch nicht mehr hören. Diese ewigen Vorwürfe. Ich will ihr doch nur helfen.«

»Du hilfst mir aber nicht, wenn du irgendwelche fremden Typen in Uniform rufst«, schimpfte die Tochter zurück. Ihre Mutter atmete tief durch. »Bitte, Schatz, lass dir von diesen Männern helfen.«

»Ich will nicht, dass die mir helfen. Ich will, dass du mir hilfst! Wann kapierst du das endlich?« Nun stiegen Tränen in die Augen der jungen Frau, und uns war längst klar, dass wir hier in einen tiefergehenden Mutter-Tochter-Konflikt hineingeraten waren. Natürlich war es nicht unsere Aufgabe, diesen zu bewerten, geschweige denn zu lösen. Einfach ignorieren konnten wir die Situation jedoch auch nicht.

»Was ist augenblicklich genau das Problem?«, versuchte mein Kollege den Zwist der beiden Frauen zu erfassen.

»Na, sie ist alkoholabhängig und trinkt schon wieder viel zu viel«, klagte die Mutter.

»Ich bin nicht abhängig!«, dementierte die Tochter die Vorwürfe, und mein Kollege fragte ganz ruhig weiter: »Was wünschen Sie sich denn jetzt genau von uns?«

Natürlich wussten wir, was die Mutter von uns erwartete, aber de facto ist ein alkoholisierter Zustand kein Grund, jemanden, der noch gang- und standsicher ist, gegen seinen Willen ins Krankenhaus zu bringen. Zumal, und auch das muss an dieser Stelle festgehalten werden, es jederzeit möglich ist, einen Patienten, egal mit welcher Erkrankung, ohne unser Zutun in einem Krankenhaus vorzustellen. Die Mutter antwortete erwartungsgemäß: »Sie müssen meine Tochter mitnehmen, bitte! Das ist ja so kein Zustand!«

Erneut fiel die Tochter ihrer Mutter ins Wort: »Ich will in kein Krankenhaus, ich will einfach nur, dass du für mich da bist!«

»Aber Schatz, ich kann das nicht! Schau dich doch mal an, das geht so nicht!« Auch die Mutter rang jetzt um Haltung, und ihre Worte mussten in den Ohren der Tochter wie leere, sich wiederholende Phrasen geklungen haben, denn die rollte nur mit den Augen. Hilflosigkeit auf beiden Seiten. An diesem Punkt begann der für uns schwierige Teil. Wir konnten entweder argumentieren, dass dies eine Familienangelegenheit war, die außerhalb unseres Zuständigkeitsbereiches lag, und uns mit den Worten verabschieden: »Klären Sie das unter sich. Der Weg in eine entsprechende Einrichtung steht Ihrer Tochter auf freiwilliger Basis immer offen«, oder wir gaben dem Helfersyndrom in uns nach und versuchten, eine Lösung für die Situation herbeizuführen.

»Sind Sie denn schon einmal in einem Krankenhaus vorstellig geworden?«, fragten wir die junge Frau.

»Ja, ich war schon öfter in der Entzugsklinik in …«

»… ja, genau, das war sie«, fiel die Mutter ihr ins Wort. »Bitte, können Sie sie nicht einfach dort hinbringen?«

Für uns machte diese Information die Lage etwas leichter, weil Patienten, die in den entsprechenden Einrichtungen bereits bekannt sind, meist mit weniger Diskussionen unterzubekommen sind als Neupatienten.

»Was halten Sie davon, wenn wir Sie erneut in der Klinik vorstellen?«, fragte ich die junge Frau, doch dieser Vorschlag wurde direkt von ihr abgewiegelt.

»Ich will bei meiner Mutter bleiben!«

»Aber Sie sehen ja, dass die Situation auch Ihre Mutter belastet.« Doch mit diesem Argument kamen wir nicht weiter. Obwohl wir noch nicht aufgaben, mussten wir die Mutter darauf vorbereiten, dass es möglicherweise einen Ausgang des Szenarios geben könnte, in dem wir es nicht schafften, die Tochter mitzunehmen. »Wir können Ihre Tochter nicht gegen ihren Willen abtransportieren, verstehen Sie?« Daraufhin passierte, was meistens geschieht, wenn Verwandte merken, dass sie nicht weiterkommen: Sie versuchen, dem Patienten eine mögliche Fremd- oder Eigengefährdung zu unterstellen.

»Meine Tochter wird aber auch manchmal laut und aggressiv, wenn sie zu viel getrunken hat«, eröffnete die Mutter uns, auf die junge Frau deutend. »Sie haben ja eben gesehen, wie schnell sie wütend wird.«

»Ich wütend? Wer hat denn gerade Rotwein in den Garten geschüttet?« Ein Wort gab das andere, und es schien unmöglich, die beiden hier und heute sich selbst zu überlassen. Somit blieb uns nichts anderes übrig, als zu insistieren.

»Hören Sie«, sagte mein Kollege. »Wir lösen nun erst einmal die Lage hier auf und fahren in die Suchtklinik, die Sie schon kennen.« Seine Stimme implizierte, dass nun Ende der Diskussion war, und ich griff unterdessen die Tasche der Patientin, welche die Mutter mir gab, um zu signalisieren: So, jetzt geht's los!

Die Patientin sträubte sich noch mit den einen oder anderen verbalen Abwehrversuchen, stand aber schließlich aus ihrem Stuhl auf und begleitete uns missmutig zum Rettungswagen. Somit war der Familienzwist zwar akut aufgelöst, aber nicht aus der Welt. Und das würde er auch dann nicht sein, wenn die Patientin wieder aus der Klinik nach Hause käme. Suchtambulanzen und Psychiatrien können eine Art »Auffangstation« in einer akuten Krise darstellen, eine erste Anlaufstelle. Doch der Glaube, dass abhängige wie auch psychisch kranke Patienten geheilt aus einer Klinik kommen, bleibt Wunschdenken. Denn der Weg der Stabilisierung geht danach weiter und muss von den Patienten mit viel Ausdauer und Eigeninitiative beschritten werden. Die Rückfallquote bei alkoholabhängigen Patienten liegt Schätzungen zufolge zwischen 70 und 90 Prozent. Besonders hoch ist sie innerhalb des ersten Jahres der Abstinenz. Die hohe Rückfallquote bei Alkoholikern ist ein wesentlicher Bestandteil der Krankheit sowie eine wesentliche Hürde im Genesungsprozess.

Wenn Kinder Verantwortung für die Eltern übernehmen

Mir persönlich gehen Familienschicksale immer sehr nah. So auch der folgende Einsatz, an den ich mich noch sehr gut erinnere. Wir wurden zu einer *psychischen Entgleisung* in eine ruhig gelegene Einfamilienhaussiedlung gerufen. Ein zwölfjähriges Mädchen öffnete uns die Tür und teilte uns mit, dass sie den Notruf gewählt hatte. Im Hintergrund hörte ich jemanden weinen.

»Bitte kommen Sie rein, es geht um meine Mutter.« Das Mädchen führte uns ins Wohnzimmer, wo seine Mutter zusammengekauert auf der Couch lag. »Sie hat ganz viele Tabletten genommen. Deshalb habe ich den Notruf gewählt«, erklärte das Mädchen. »Mein Vater ist bereits auf dem Heimweg.« Er sei bisher bei der Arbeit gewesen. An dieser Stelle entschieden der Kollege und ich uns dazu, uns zu trennen, und so ging er mit der Zwölfjährigen in den Flur und ich suchte das Gespräch mit der Mutter. Als Erstes galt es, kurz abzuklopfen, wie viele und welche Tabletten sie genommen hatte. Sie behauptete jedoch im Widerspruch zu den Angaben der Tochter, keinerlei Tabletten eingeworfen zu haben, sondern dies nur in ihrer Verzweiflung so dahingesagt zu haben.

»Okay, verraten Sie mir, was passiert ist?«, fragte ich sie deshalb, und die Mutter fing unter Tränen an zu erzählen: »Wissen Sie, unser Sohn, er ist acht Jahre alt, und er …« Ein regelrechter Heulkrampf schüttelte sie, sodass sie kaum sprechen konnte. »… er hat massive Probleme in der Schule. Ständig macht er Ärger«, schluchzte sie. »Nicht etwa, weil er Probleme mit dem Stoff hätte oder so, nein, er ist intelligenter als seine Altersgenossen, aber dadurch total gelangweilt im Unterricht und kommt nur auf dumme Ideen.« Sie schniefte. »Sie können sich nicht vorstellen, wie sehr uns dieses Kind auf Trab hält. Die ganze Familie leidet unter den Problemen, die er macht. Ständig bekommen wir Anrufe von seiner Lehrerin oder anderen Eltern.«

»Wo ist denn Ihr Sohn in diesem Augenblick?«, wollte ich wissen. Außer ihr und der Tochter schien niemand zu Hause zu sein.

»Beim Fußball«, weinte sie.

»Okay, und was hat heute zu dieser Situation geführt?«, fragte ich vorsichtig, und damit begann sie noch mehr zu schluchzen, wenn das überhaupt möglich war.

»Es ist einfach nur schrecklich! Wir hatten so viel Hoffnung in diese Schule gesetzt.« Sie brach ab und weinte haltlos. Ich wartete, dass sie weitererzählte. »Wissen Sie, wir hatten ihn an dieser Schule vorgestellt, die besonders gut auf Kinder wie unseren Sohn eingehen kann. Wir waren zum Bewerbungsgespräch dort, und allein nach dem Tag der offenen Tür waren wir alle so begeistert – allen voran unser Sohn. Es gefiel ihm dort auf Anhieb und wir hatten uns alle enorm viel von dem Schulwechsel versprochen. Aber heute habe ich das hier aus dem Briefkasten gefischt.« Ein neuer Heulkrampf unterbrach sie und sie tastete nach einem tränendurchtränkten Brief auf dem Fußboden neben der Couch. Sie hielt ihn mir hin und ich griff automatisiert danach. *Liebe Familie Eckardt, leider müssen wir Ihnen mitteilen ...*

Oh nein. Meine Blicke flogen zurück zu der Mutter. »Aber ich schwöre Ihnen, ich habe die Tabletten nicht genommen.« Ich war erleichtert, das zu hören, und leistete ihr noch einen Moment Beistand, dann hörte ich, wie mein Kollege zurückkam. Ich entschuldigte mich kurz, damit ich mit ihm unter vier Augen reden konnte. Ihm hatte die Tochter berichtet, dass ihre Mutter die Tabletten bloß deshalb nicht hatte nehmen können, weil sie ihr diese regelrecht entrissen hätte. Das stellte die Situation natürlich schon wieder anders dar, und wir entschieden: Wir müssen die Mutter mitnehmen und in einer psychiatrischen Einrichtung vorstellen, da wir es nicht verantworten konnten, ihre Unversehrtheit im Extremfall in die Hände ihrer minderjährigen Tochter zu legen. Glücklicherweise ließ sie sich von uns überreden mitzukommen. Als der Ehemann eintraf, bemühte er sich zwar um Haltung, aber der labile Zustand seiner Frau sowie der Brief mit der Absage trieben auch ihm sichtlich die Verzweiflung in die Augen, und mich berührte es zutiefst, wie ein paar Zeilen die Hoffnung einer ganzen Familie zerstören konnten.

Nach dieser Schicht dachte ich noch lange darüber nach. Ich stellte mir vor, wie eine Schulsekretärin ihrem täglichen Job nachging. Ein standardisiertes Schreiben verschickte, das einer ganzen Familie den Boden unter den Füßen wegreißen konnte. In meinem Kopf spielte ich viele Szenarien durch, wie ich vielleicht helfen könnte. Überlegte, ob ich die Schule kontaktieren sollte oder irgendwie meine Reichweite nutzen könnte. Ich dachte darüber nach, der Sekretärin eine E-Mail zu schreiben und nach den Gründen für die Ablehnung zu fragen. Am liebsten hätte ich beim Rektor angeklopft und gebettelt, dass er seine Entscheidung neu überdachte. Noch einige Tage trug ich diese Gedanken mit mir herum, bis ich sie schließlich verwarf. Vermutlich hätte es bloß datenschutzrechtliche Probleme gegeben, aber nichts geändert. Und ich musste mir zudem eingestehen, dass ich wohl aus dem »Mich-Einmischen« nicht mehr herauskäme, wenn ich auf diese Weise jeden Einsatz nachverfolgen würde. Bewegt hat er mich trotzdem. Das tun viele Einsätze. Genau wie der nächste.

Traurige Kollateralschäden

Wir wurden unter den Stichpunkten *häusliche Gewalt, Polizei kommt auch* zu einem Mehrfamilienhaus gerufen. Wir waren an dem Tag zu dritt im Einsatz, inklusive Azubi, und trafen vor der

Polizei ein. Eine Mutter öffnete uns zitternd die Tür. Sie hatte eine kleine Verletzung an der Lippe und trug eine Daunenjacke, so als wäre sie im Begriff, die Wohnung zu verlassen. Hinter ihr standen vier Kinder, aufgereiht wie die Orgelpfeifen. Die Jüngsten, Zwillinge, waren offensichtlich noch im Grundschulalter und die älteste Tochter war dreizehn Jahre alt. Auch die vier Kinder hatten alle bereits Jacken an, und ich spürte schon beim Eintreten in die Wohnung, dass hier gerade etwas wortwörtlich und metaphorisch kaputtgegangen war. Ich kann es schwer beschreiben, aber die Stimmung bei Einsätzen dieser Art ist immer ähnlich: Die Luft ist durchsetzt mit Schuldgefühlen und Schmerz, und die Wände flüstern: Ein *Tut mir leid* wird dieses Mal nicht reichen. Die Frau erklärte uns mit brüchiger Stimme: »Mein Mann hat mich geschlagen.«

An dieser Stelle ist es für uns ganz wichtig, nicht Partei zu ergreifen, sondern neutral zu bleiben. Erst mal wird der Verletzungsgrad eingeschätzt. Auf keinen Fall sollte man sich zu irgendwelchen emotionalen Ausbrüchen hinreißen lassen wie: »Wo ist das Arschloch?«, oder Ähnliches. In der akuten Situation stellten wir also erst einmal fest, dass keine Lebensgefahr bestand und es sich um oberflächliche Verletzungen handelte. Wir beschlossen, uns aufzuteilen. Mein Kollege blieb bei der Familie und ich ging zum Vater. Er stand ein Stück abseits in der Küche, ich hatte ihn beim Reinkommen schon kurz erblickt. Auch er zitterte, und ich konnte ihm ansehen, dass er dieses Gefühl aus dem Flur ebenso spürte und sich dachte: *Da hab ich jetzt gerade so richtig Scheiße gebaut!* In dem Moment sagte er auch schon: »Das ist mir vorher noch nie passiert.« Er blieb sehr ruhig und zeigte mir seine Hand, die gerötet war. Ich zählte eins und eins zusammen und war etwas irritiert. Wollte er jetzt die Hand, mit der er seine Frau geschlagen hatte, verarztet bekommen? Trotzdem versuchte ich weiterhin, wertfrei die Situation einzuschätzen, begutachtete »die Wunde« und sagte zu ihm: »Das ist nichts Knöchernes, nur eine oberflächliche Verletzung, die nicht behandelt werden muss. Am besten warten Sie einfach ruhig hier in der Küche, bis die Polizei kommt. Die Beamten werden Ihnen ein paar Fragen stellen.« Genau das tat er, und ich war mit einem Ohr schon wieder im Flur bei meinem Kollegen, in dem die Tochter in der Zwischenzeit vom Streit ihrer Eltern berichtete.

Ich erinnere mich nicht mehr daran, weshalb das Ehepaar gestritten hatte, aber ich weiß noch genau, wie erstaunt ich darüber war, ein weiteres Mal zu beobachten, wie wach Kinder, besonders Mädchen, in diesem Alter sind. Ähnlich wie im Einsatz, von dem ich zuvor erzählt habe, war es auch hier die älteste Tochter, selbst noch Jugendliche, die die Verantwortung in der Situation übernommen hatte. Sie schilderte, dass ihr Vater »nur« ein einziges Mal zugeschlagen und die Mutter ihr aufgetragen hätte, die Polizei zu rufen. In ihrer Aufregung hatte das Mädchen den Notruf gewählt, weshalb wir auch alarmiert worden waren.

Als die Polizei eintraf, ging diese ähnlich vor wie wir: Sie befragten getrennt. Ein Beamter löste mich in der Küche ab, der andere stieß zu meinem Kollegen und der Mutter sowie der Tochter hinzu.

Während ich die Grüppchen so beobachtete, fragte ich mich plötzlich: Wo sind eigentlich die Kleinen hin? Ich sah mich kurz in der Wohnung um und fand sie im Kinderzimmer. Da saßen die drei Mädels eng nebeneinander auf der Bettkante. Drei gleiche Winterjacken. Drei gleiche Mützchen. Und drei unschuldige Kindergesichter, die mich anblickten, als ich das Zimmer betrat. Mein Herz brach ein kleines bisschen in diesem Moment, weil ich mir dachte: Jetzt zerbricht die Welt dieser süßen Mädchen.

Der Frieden einer ganzen Familie endet heute. Denn so ein Einsatz bringt eine Maschinerie in Gang, die sich nicht mehr ohne Weiteres zurückdrehen lässt. Polizei, Krankenhaus, gegebenenfalls Jugendamt, die ganze Kavallerie dringt in das Leben der Familie ein.

Neben den Kindern saß unser Azubi, der sich in der Zwischenzeit um sie gekümmert hatte. Ich musste schmunzeln, als ich ihn betrachtete. Um seinen Hals baumelte eine bunte Perlenkette, die die Mädchen augenscheinlich selbst aufgefädelt hatten. Ich setzte mich ebenfalls zu ihnen und fragte: »Na, wie geht's euch denn? Erzählt doch mal …«

»Wir gehen schon in die Schule«, antwortete eines der Zwillingsmädchen, dem ich gleich anmerkte, dass es gerne erzählte und sehr aufgeweckt war. »Unser Lehrer ist ganz lieb. Wir lernen gerade das B.« B sprach sie aus, wie Kinder es in der ersten und zweiten Klasse lernen. Nicht »Be«, sondern B. Ihre Lippen presste sie dabei fest aufeinander.

»Das ist toll«, antwortete ich.

»Und weißt du, bis wie viel wir schon rechnen können?«, fragte das gleiche Mädchen. »Bis über zehn.«

»Im Zahlenraum bis zwanzig heißt das«, korrigierte das älteste der drei Mädchen neunmalklug.

Die Unterhaltung setzte sich noch eine Weile fort. Eine quasselte, die andere verbesserte und die Dritte schob ab und zu einen Kommentar dazwischen. Wir erfuhren von dem geplanten Urlaub der Familie und davon, dass die Mädchen ihre Tante *doof* fanden, aber die Oma dafür sehr liebten und eine ihrer Großmütter ebenfalls hier in der Stadt lebte. Es war zuckersüß zu beobachten, wie liebevoll sie miteinander umgingen. Ich hatte den Eindruck, vieles war bisher grundsätzlich sehr richtig in dieser Familie gelaufen, wenn so großartige Kinder hier lebten. Man entwickelt mit den Jahren in diesem Job auch eine Art Scanner oder Radar für die Menschen und ihre Lebensumstände, und unter diesem Dach schien grundsätzlich Liebe und Fürsorge zu Hause zu sein. Dadurch bekam der ganze Einsatz einen besonders bitteren Beigeschmack. Denn es hatte nicht den Anschein, als retteten wir hier eine Frau und ihre Kinder aus einer langjährigen schrecklichen Leidenssituation, sondern vielmehr, als wäre heute ein Streit unverhältnismäßig und untypisch eskaliert. Auch den Kindern, gleichwohl sie vermeintlich fröhlich quasselten, war bewusst, dass wir nicht nur für einen netten Plausch mit ihnen gekommen waren. In den Gesprächspausen spürte man deutlich, wie ihre feinen Antennen voll auf Empfang gestellt waren.

Soweit ich Satzfetzen aus dem Flur mitbekam, hatte sich an diesem Tag wohl das erste Mal in zwanzig Jahren Ehe eine Auseinandersetzung auf diesem Level bewegt. Und dennoch ist ein Schlag ins Gesicht etwas Untolerierbares. In meinem Kopf löste dieses Bild von einer einzigen Handlung, die alles verändern konnte, wieder einmal das Gedankenkarussell aus, das mich so oft beschäftigte: Ein vermeintlich kurzer Moment kann den Verlauf eines ganzen Lebens ändern. Hier war es die Überreaktion des Mannes, eine Sekunde, in der er die Kontrolle verloren und damit vielleicht seine Familie für immer zerstört hatte.

Im Einsatz zuvor war es ein maschinell erstellter Brief. Für die Schulsekretärin nur ein Punkt von vielen auf der To-do-Liste eines klassischen Arbeitstages, aber für die Familie, die die Absage erhielt, war damit eine ganze Zukunft ruiniert worden.

Als die Polizei ihre Befragung beendet hatte, kam es wie erwartet: Der Vater musste vorerst für zehn Tage das Haus verlassen. Gemeinsam entschieden wir, mit der Mutter ins Krankenhaus zu fahren. Und die Kinder? Auf die würde die Großmutter aufpassen, die in derselben Stadt lebte. Sie war bereits auf dem Weg.

Freiheitsentziehende Unterbringung

Nun sind in den bisher beschriebenen Fällen glücklicherweise alle Patienten durch eigenes Einsehen mit uns mitgekommen. Nicht immer sind Patienten jedoch noch so klar bei Verstand, dass man an sie herankommt, sondern sie stellen in ihrem »Wahnzustand« oder unter extremer psychischer Belastung vielleicht sogar eine Gefahr für sich selbst oder andere dar. Um solche Extremfälle abzufangen, gibt es ein Gesetz. Das Gesetz über Hilfen und Schutzmaßnahmen bei psychischen Krankheiten (PsychKG) regelt die freiheitsentziehende Unterbringung psychisch kranker Menschen in einem psychiatrischen Fachkrankenhaus im Falle akuter Selbst- oder Fremdgefährdung. Die Einzelheiten können je nach Bundesland variieren, jedoch ermöglicht dieses Gesetz grundsätzlich, dass Patienten gegen ihren Willen, und, wenn es nötig wird, mit verhältnismäßiger Gewalt durch die Polizei einer psychiatrischen Einrichtung zugeführt werden können. Wie ich gerade schon andeutete: Theoretisch verfolgt dieses Gesetz eine sinnvolle und gute Absicht. Aber in der Praxis ist mal wieder nicht alles Schwarz oder Weiß. Ich persönlich bin kein Fan dieser Maßnahme, und ich mag auch die entsprechenden Einsätze nicht, da diese Vorgehensweise für die Patienten oftmals mit starken Gefühlen von Angst und Schrecken bis hin zu einer traumatischen Erfahrung einhergehen. Speziell Patienten, die unter einer Psychose leiden, nehmen ihre Umgebung sehr empfindlich wahr. Unter dem Begriff Psychose wird eine Reihe von psychischen

Störungen zusammengefasst, bei denen der Betroffene (in vielen Fällen vorübergehend) den Bezug zur Realität verliert. Das Denken und Fühlen, Hören und Sehen wie auch die Wahrnehmung der eigenen Person und anderer können verändert sein. Betroffene leiden teilweise unter Angstzuständen und beziehen alles mit einem gewissen Misstrauen auf sich. Dieses Verhalten geht möglicherweise so weit, dass zum Beispiel elektronische Geräte auseinandergebaut werden, um Wanzen zu enttarnen. Wahnvorstellungen und Halluzinationen können Teil der Symptomatik sein. Für die betroffenen Patienten gibt es in einer Akutsituation daher vermutlich nichts Schlimmeres, als wenn ihnen nicht geglaubt beziehungsweise ihre Wahrnehmung ignoriert und nicht ernst genommen wird, denn für sie ist der Zustand, in dem sie leben, real.

Wenn diese Patienten obendrein auch noch unter Gewaltanwendung in eine Klinik »gesperrt« werden sollen, besteht die Gefahr, dass ein Einsatz leicht eskaliert. Daher möchte ich doppelt und dreifach davor warnen, Aussagen wie »Die oder der wollte gerade vom Balkon springen« auszusprechen, um eine Einweisung zu erzwingen.

Ich persönlich lehne jede Form von Gewalt an Patienten ab, und meiner Ansicht nach ist es stets die sanftere und empfehlenswerte Lösung, zu versuchen, einen Zugang zu dem Patienten zu finden, indem man ihm das Gefühl gibt, »nicht verrückt zu sein«. Der Patient sollte sich ernst genommen fühlen, unabhängig davon, ob ich als Rettungssanitäter mit einem gesunden Verstand seine Realität infrage stelle. Denn unser Ziel ist in diesem Moment nicht, seine Psychose zu behandeln, sondern eine ärztliche Vorstellung zu bewirken, damit eine medizinische Versorgung eingeleitet oder fortgesetzt werden kann. Mit Einfühlungsvermögen und Diplomatie bin ich in den meisten Fällen sehr gut gefahren, wie ich am folgenden Fallbeispiel demonstrieren möchte.

Ein kleines Licht sorgt für großen Aufruhr

Zu späterer Abendstunde wurden wir zu einer *psychischen Entgleisung* gerufen. Als wir an der Einsatzstelle ankamen, standen bereits drei Polizeiwagen und entsprechend viele Beamte um die Patientin herum. Diese stand mit dem Gesicht zur Hauswand neben einer Pizzabäckerei. Schon von Weitem hörten wir Diskussionen, die ins Nichts führten. Bevor wir die Gruppe jedoch erreichten, fing uns ein Beamter ab und informierte uns darüber, dass die Patientin im Pizzaladen ausgerastet wäre und überhaupt fremdaggressives Verhalten vor allem in Form von Beleidigungen zeigte.

Wir gingen daraufhin erst einmal zu der Patientin, und ich fragte sie, was denn passiert sei. Sie erzählte mir, sie wohne im Hinterhof gleich über der Pizzabäckerei, wo eines ihrer Fenster genau auf den Hinterausgang des Geschäfts gerichtet sei. Dort brannte laut der Patientin ein Licht, das sie vom Schlafen abhielt. Nun muss man wissen, dass solche vermeintlichen Kleinigkeiten für Menschen mit Psychosen enorme Störfaktoren darstellen. Die Patientin hatte sich dadurch dazu gezwungen gefühlt, in den Pizzaladen zu gehen und darum zu bitten, das Licht zu löschen. Die Inhaber der Pizzabäckerei, die mit der Überempfindlichkeit der Patientin nichts anfangen konnten, hatten durch scheinbar saloppe Äußerungen wie »Sie sind doch verrückt, machen Sie halt einfach den Vorhang zu!« Triggerpunkte bei der Patientin getroffen. Menschen mit einer Psychose zu sagen, sie seien verrückt, ist so ein Trigger. Wie der Ladenbesitzer angab, hatte die Frau mit Beschimpfungen reagiert und sich trotz mehrfacher Aufforderung geweigert, den Laden zu verlassen, weshalb der Inhaber sich gezwungen sah, die Polizei zu rufen. Den Beamten war es schließlich völlig ohne Gewalt gelungen, die Dame nach draußen zu begleiten.

Nach allem, was ich bisher gehört hatte, vermutete ich, dass die Patientin bereits Erfahrung mit einer Situation wie dieser hatte und sich deshalb sofort beruhigte, nachdem die Polizei eingetroffen war. Wahrscheinlich wollte sie vermeiden, mit Gewalt »abgeführt« zu werden.

Um meinem Verdacht nachzugehen, fragte ich sie: »Haben Sie irgendwelche Vorerkrankungen? Waren Sie schon mal in der Psychiatrie?«

Sie bejahte meine Frage und sagte dann zu mir: »Wissen Sie, ich wollte doch eigentlich bloß eine Cola.«

Zunächst ignorierte ich diesen Wunsch und schlug stattdessen vor: »Wieso fahren wir nicht in die Klinik und verschaffen Ihnen damit ein bisschen Ruhe von alldem hier?«

»Nein! Ich will nur eine Cola und dass die das Licht ausmachen!«, schmetterte sie meinen Vorschlag ab.

Gut, dachte ich mir, vielleicht beruhigt es sie, wenn sie erst einmal ihre Cola bekommt. »Haben Sie Geld?«, wollte ich von ihr wissen und sie holte tatsächlich einen Fünf-Euro-Schein heraus. Ich bat meinen Kollegen, mit dem Schein in die Pizzabäckerei zu gehen und das Getränk zu kaufen.

Die Situation entspannte sich tatsächlich sofort massiv, als die Patientin ihre Cola in den Händen hielt, und sie wurde ganz versöhnlich: »Sie zwei wissen, wie man mit Menschen umgeht. Sie können das! Die alle nicht!« Sie zeigte noch mal auf die Beamten und den Pizzaladen. Auch das ist typisch für psychotische Patienten: noch mal »kurz auszuteilen«.

»Schauen Sie«, begann ich nun erneut ganz ruhig. »Diese Situation ist doch für Sie gerade nicht angenehm, oder? Wir denken, es ist das Sinnvollste, wenn wir jetzt erst mal in die Psychiatrie fahren, die Sie bereits kennen. Dort können Sie verschnaufen und in aller Ruhe mit jemandem darüber sprechen und dann können Sie auch schon wieder nach Hause.«

Sie ist schließlich ganz ohne Probleme in den Rettungswagen gestiegen und hat mir unterwegs die wildesten Geschichten erzählt. Ich habe immer wieder genickt und ihr Verständnis gezeigt, jedoch keine Rückfragen gestellt oder ihre Erzählungen in irgendeiner Weise bestätigt. Somit habe ich ihre Version der Realität nicht bestärkt, sie aber auch nicht zusätzlich verunsichert. Anstatt auf die Wahrheit zu bestehen, ist es bei psychisch kranken Patienten zielführender, sich strategisch und diplomatisch zu zeigen. Auf diese Weise lassen sich oft unschöne und unnötig gewaltgeladene Situationen abwenden.

Mit aller Gewalt

Eine Unterbringung in einer Psychiatrie gegen den Willen des Patienten ist schlichtweg der höchste Grundrechtseingriff, den wir vornehmen können, und sollte daher immer als allerletzte Möglichkeit betrachtet werden. Ein Beispiel dafür, wie traumatisierend sich diese »Maßnahme« gestalten kann, ist eine rechtswidrige Unterbringung aus dem Jahr 2012, bei dem eine Patientin während einer Reitstunde vom Pferd stürzte und mit einem Schädel-Hirn-Trauma in ein Krankenhaus eingeliefert worden war.

Da die Bildgebung des Schädel-CTs nicht eindeutig gewesen war und der Arzt, der die Aufnahmen gemacht hatte, mögliche Einblutungen nicht ausschließen konnte, berief er sich auf die

24-Stunden-Überwachungspflicht, die in solchen Fällen besteht, und ordnete an, die Patientin stationär aufzunehmen. In der Nacht, also einige Stunden nach Einlieferung, wurde ein erneutes CT gemacht, das keine Vermutungen mehr auf Einblutungen lieferte. Daraufhin wurde der Patientin in Aussicht gestellt, dass sie am Morgen gehen könne. Da am nächsten Morgen die Überwachungspflicht jedoch noch nicht abgelaufen war, wollte der zu diesem Zeitpunkt verantwortliche Stationsarzt die Patientin nicht gehen lassen. Es kam zu einer Auseinandersetzung mit dem Pflegepersonal, woraufhin die Patientin den Wunsch äußerte, zusammen mit ihrem Lebensgefährten die Klinik auf eigenes Risiko zu verlassen. Diese Option wurde ihr verweigert, da sie nicht sofort notfallmäßig und operativ versorgt werden könnte, sollte unterwegs etwas passieren. Die Patientin wollte sich daraufhin bei einem Vorgesetzten des Stationspersonals beschweren, um wenigstens einen Wechsel des Krankenhauses oder der Station zu erreichen. Nachdem ihr Gesuch ignoriert worden war, war die Patientin im Begriff, das Krankenhaus auf eigene Faust zu verlassen, wurde jedoch durch die vom Stationspersonal verständigte Polizei daran gehindert. Die Polizeibeamten begleiteten die Patientin zurück auf die Station, wo an ihrem Bett bereits Fixiergurte angebracht worden waren. Die Patientin weigerte sich, in das Bett zu steigen, und wurde schließlich gewaltsam durch den Stationsarzt, einen Pfleger und zwei Polizeibeamte dort hineingedrängt und an Armen, Beinen und der Hüfte fixiert. Ich möchte mir nicht ausmalen, wie die Patientin sich gefühlt haben muss.

Eine angsteinflößende Situation für die Patientin, die immer wieder beklagte, dass sie sich in ihrer Würde verletzt fühlte.

Im Nachgang erstattete die Patientin Anzeige gegen das Krankenhaus. In der Gerichtsverhandlung rechtfertigte der zu dem

Zeitpunkt des Vorfalls diensthabende Stationsarzt seine Entscheidung auf Grundlage eines Gutachtens, das der Patientin neben dem Schädel-Hirn-Trauma (und den damit verbundenen Risiken einer möglichen nachträglichen Einblutung) ein Durchgangssyndrom mit Erregungszuständen diagnostizierte. Ganz knapp erklärt, fasst das Durchgangssyndrom akute funktionelle, aber reversible Störungen zusammen, die eine explizite Zuordnung zu einer bestimmten Erkrankung zunächst offenlassen. Darunter können von Verwirrtheit und Aggression über Gedächtnisstörungen bis hin zu Halluzinationen viele verschiedene Symptome fallen. Eine vorzeitige Entlassung hätte seiner Meinung nach eine akute Eigengefährdung dargestellt. Das Gericht kam jedoch zu dem Urteil, dass die Patientin in ihren Rechten verletzt worden war und das Unterbringungsverfahren durch einen Facharzt für Psychiatrie hätte veranlasst werden müssen. Der Stationsarzt hingegen war Anästhesist und verfügte über keinerlei Erfahrung auf diesem Gebiet. Ich zitiere aus dem Urteil: *Die Freiheit der Person ist ein so hohes Rechtsgut, dass sie nur aus besonders gewichtigem Grund angetastet werden darf (BVerfGE 45, 187 [223]). [...] Auch psychisch kranke Menschen haben ein Recht auf Nichtbehandlung, solange nicht die Rechte anderer berührt sind. Eine Vernunfthoheit der Psychiater im Umgang mit psychischen Krankheiten scheidet aus.* (Schleswig-Holsteinisches Verwaltungsgericht, Urteil vom 01.12.2016 - 1 A 24/14).

Randbemerkung: Der zuvor genannte Fall ist nach bestem Wissen und Gewissen von mir recherchiert worden. Zur besseren Verständlichkeit habe ich den Sachverhalt gekürzt und vereinfacht dargestellt.

Geschmeidige Patienten, bockige Kollegen

Es stellt sich glücklicherweise nicht immer so leicht für medizinisches Fachpersonal dar, Patienten gegen ihren Willen irgendwo festzuhalten, wie im vorherigen Fallbeispiel.

In meinem nächsten Einsatz, von dem ich zu diesem Thema erzählen möchte, wurden wir auf eine Polizeidienststelle alarmiert, um den Zustand einer Patientin einzuschätzen. Laut der Beamten hatte der Ehemann die Polizei alarmiert, weil seine Frau während eines Streits im Auto die Absicht geäußert hätte, sich das Leben zu nehmen. Plötzlich hätte sie versucht, die Beifahrertür zu öffnen und aus dem fahrenden Auto zu springen. Der Ehemann konnte laut seiner Aussage zum Glück rechtzeitig reagieren und das Fahrzeug vorher zum Stehen bringen. Die eintreffende Polizei nahm daraufhin die Frau mit auf die Dienststelle und fand heraus, dass bei ihr eine psychiatrische Vorerkrankung bekannt war. Erst kürzlich war sie in einer entsprechenden Fachklinik untergebracht gewesen. Von Seiten der Polizei kam nun die Überlegung auf, die Patientin unter Anwendung des PsychKG »zwangseinweisen zu lassen«, da sie eine Gefahr für ihr eigenes Leben darstellte.

Wie üblich gingen wir zunächst einmal zu der Patientin, um uns einen Überblick zu verschaffen. Die Patientin bestätigte, dass die Geschichte genau so passiert war. Sie wirkte augenblicklich jedoch nicht mehr aufgebracht oder neben der Spur, und ich fragte sie: »Würden Sie dann bitte mit uns in die Psychiatrie fahren?«

»Ja, okay«, erwiderte die Patientin, und ich dachte mir: Wow. Das war ja einfach.

»Alles klar«, sagten wir zu dem Polizisten, »wir bringen die Patientin in die Klinik.«

Der Polizist schaute verdutzt. »Ohne PsychKG?«

»Ja«, antwortete ich. »Die Patientin kommt freiwillig mit. Sie ist orientiert und friedlich. Wieso sollten wir in dem Fall also einen Notarzt nachfordern, damit er ein ärztliches Zeugnis ausstellt, mit dem wir sie gegen ihren Willen einweisen? Das ist doch völlig unnötig.«

»Wartet hier!«, wies uns der Polizist plötzlich harsch an und verschwand. Nach wenigen Minuten kam er mit seinem Dienstgruppenleiter wieder, der darauf bestand, dass wir eine Einweisung per PsychKG ausstellen ließen, weil die Patientin schließlich Suizidgedanken geäußert hatte.

Ruhig erklärte mein Kollege: »Das mag alles so gewesen sein, doch wenn die Patientin jetzt freiwillig mitkommt, besteht keine Notwendigkeit, sie unter Zwang abzutransportieren.«

Daraufhin erhob der Dienstgruppenleiter seine Stimme und begann, sich in Rage zu reden: »Wenn ihr die jetzt einfach so mitnehmt, kann sie jederzeit bei euch aus dem Auto springen und sich auf die Straße oder vor einen Zug werfen! Sollte das passieren, das kann ich euch sagen, dann könnt ihr eure Uniform ausziehen!«

Mein Kollege wurde langsam etwas ungemütlich: »Pass mal auf«, sagte er zu dem Polizeibeamten. »Ich erklär dir nicht deinen Job, also erklär du mir auch nicht meinen!«

Der Dienstgruppenleiter ließ jedoch nicht locker, und so blieb uns nichts anderes übrig, als einen Notarzt nachzubestellen, um die Entscheidung an die nächsthöhere Hierarchieebene abzugeben. Der Notarzt kam und stellte, wie zu erwarten, keine Einweisung per PsychKG aus.

Schließlich brachten wir die Patientin ohne Notarzt und ohne gesetzlichen Zwang in die zuständige Psychiatrie. Ein Streifenwagen folgte uns. Zuerst waren wir davon etwas irritiert, da wir auch dafür keine Notwendigkeit sahen. Nachdem wir die Patientin an die Klinik übergeben hatten, suchten die Polizeibeamten noch einmal das Gespräch mit uns und erklärten, dass sie uns deshalb begleitet hätten, um sich für das Verhalten ihres Dienstgruppenleiters zu entschuldigen. Wir waren gerne bereit, diesen Einsatz versöhnlich abzuschließen, blieben jedoch bei unserem Standpunkt, dass ein so großer Grundrechtseingriff hier schlichtweg nicht gerechtfertigt gewesen wäre.

Max, don't have sex with your …

Sie haben es wahrscheinlich bereits mehrfach beim Lesen festgestellt: »Psych-Einsätze«, wie wir unter Kollegen umgangssprachlich sagen, sind meistens schwere Kost und nur selten in kurzer Zeit »abgewickelt«. Es gilt, einige Faktoren zu evaluieren, vieles zu erfragen und abzuwägen.

So auch bei folgendem Einsatz: In einem Nachtdienst wurden wir zu einer weiteren *psychischen Entgleisung* alarmiert. In einem Mehrfamilienhaus öffnete uns eine Frau die Tür: »Kommen Sie rein, meinem Sohn geht es wieder nicht gut. Er muss zurück in die Psychiatrie.«

»Okay, dann erzählen Sie doch mal der Reihe nach«, sagte mein Kollege und wir folgten ihr in den Flur. »Was ist denn los?«

»Ich glaube, er nimmt seine Medikamente nicht mehr. Er ist ständig wieder so aggressiv und redet komisches Zeug. Wissen Sie, er war schon ein paar Mal in der Klinik.«

»Und wo ist Ihr Sohn jetzt gerade?«

»In seinem Zimmer«, antwortete die Mutter verzweifelt. »Bitte tun Sie etwas!«

Also klopften wir an die geschlossene Zimmertür und der 35-jährige Sohn öffnete.

»Guten Tag, der Rettungsdienst«, stellte uns mein Kollege vor. »Dürfen wir kurz reinkommen und uns mit Ihnen unterhalten?«

Der Mann winkte uns herein. Meine Blicke erfassten in wenigen Sekunden den geschätzt 15 Quadratmeter großen Raum, in dem nicht viel mehr stand als ein Bett, ein Fernseher und ein Schreibtisch, auf dem sich Videospiele türmten. Er aß gerade ein belegtes Brot. »Worum geht es denn genau?«, fragte meine Kollege.

»Sie sind doch zu mir gekommen, also sagen Sie es mir«, antwortete er.

Mein Kollege versuchte also zuerst einmal, ein Gespräch aufzubauen, und erklärte ruhig: »Ihre Mutter hat uns gerufen. Sie sorgt sich um Sie und sagt, Sie hätten sich gestritten.«

»Nein, nein, nein, das ist völliger Quatsch! Es gibt keinen Grund zur Sorge. Mir geht es gut. Sie nervt mich bloß die ganze Zeit. Ich wollte mir nur in Ruhe mein Sandwich machen, und dann kam sie und fing an, auf mich einzureden, dass ich wieder ins Krankenhaus soll! Da bin ich wütend geworden und in mein Zimmer gegangen.«

Wenn man diese Einsätze ein paar Mal erlebt hat, weiß man, worauf das nächste Szenario hinauslaufen wird. Die Familienmitglieder erzählen jeweils ihre Version der Dinge, die sich meist stark voneinander unterscheiden. Wir beobachten immer wieder an Patienten, die beispielsweise Stimmen hören oder Dinge sehen, dass sie in unserer Anwesenheit (in Anwesenheit von Ärzten und Psychiatern) dieses wahnhafte Verhalten verstecken, damit man als medizinische Fachkraft gar nicht erst ein Argument vorbringen kann, um sie als »unzurechnungsfähig«

einzustufen und auf eine Klinikunterbringung zu bestehen. Und genau so gestaltete es sich nun auch hier. Der Mann gab den »normalen« gesunden Sohn, der lediglich etwas genervt von der Mutter war. Wohingegen die Mutter die Situation deutlich drastischer schilderte.

»Er nimmt seine Tabletten nicht mehr«, rief die Mutter aus dem Flur.

»Das ist nicht wahr!«, dementierte der Sohn genervt.

»Hör auf, es abzustreiten!«, befahl die Mutter. »Ich kenne dich, und ich merke, wenn du dich wieder veränderst!«

Mein Kollege versuchte, die Situation zu beruhigen und die Aufmerksamkeit des Sohns im Zimmer zu bündeln: »Nehmen Sie denn Ihre Medikamente wie verordnet ein?«

»Ja, natürlich! Hier, sehen Sie?« Der Patient zeigte uns seine Medikamente und den dazugehörigen angebrochenen Blister, in dem einige Pillen fehlten.

»Und fühlen Sie sich irgendwie gereizt?«, fragte mein Kollege erneut, um die Vorwürfe der Mutter bezüglich der steigenden Aggressionen des Sohns noch mal abzuklopfen und eine Eigenbeziehungsweise Fremdgefährdung einschätzen zu können.

»Nein! Es geht mir gut. Ich will einfach nur in meinem Zimmer sein und meine Ruhe haben und jetzt gehen Sie bitte!« Mit seinem Arm deutete er eine ausladende Geste an. Wir folgten seinem Wunsch und verließen sein Zimmer. Umgehend drehte er den Schlüssel im Schloss herum.

Zurück im Flur, trafen wir auf die enttäuscht dreinblickende Mutter. »Sie nehmen ihn also nicht mit?«, fragte sie.

»Leider können wir Ihren Sohn nicht gegen seinen Willen mitnehmen, solange er nicht offensichtlich randaliert, Sie oder sich selbst angreift, da gibt uns das Gesetz wenig Handlungsspielraum«, erklärten wir der Mutter.

Die Frau brach in Tränen aus. »Ich erkenne meinen Sohn nicht wieder, das kann doch nicht sein«, weinte sie. »Wieso verhält er sich so?«

»Wir verstehen, dass es für Sie nicht leicht ist«, versuchte mein Kollege, die Frau zu trösten. Psychiatrische Erkrankungen sind immer auch eine Herausforderung für das Umfeld der Patienten und gehen mit einem sehr langen und belastenden Prozess für alle Beteiligten einher. Der Krankheitsverlauf entwickelt sich über Monate, und in diesem Rahmen verändern sich die Persönlichkeitsmerkmale und Verhaltensweisen der Patienten meist schleichend. Zu Beginn bleibt die Psychose unter Umständen noch unbemerkt, weil die Geschichten, die der Betroffene erzählt, zunächst womöglich nur ein wenig merkwürdig oder gewisse Vorkommnisse wie Zufälle erscheinen. Der Unterschied in der Wahrnehmung zwischen einem psychotischen Patienten und dem Angehörigem jedoch ist, dass der Betroffene tatsächlich nicht an einen Zufall glaubt, sondern gegebenenfalls sogar eine Verschwörung gegen sich vermutet. Ab einem gewissen Punkt verschwimmt der Übergang zwischen normalem und abnormalem Verhalten zusehends. Der Patient reagiert auf Stimmen, Geräusche und/oder Halluzinationen, die er, bisweilen vielleicht »unsichtbar« für die Außenwelt, vernommen hat.

»Wissen Sie«, flüsterte die Mutter nun. »Er erzählt so Sachen, wie ... dass er mit mir schlafen will. Mein eigener Sohn!« Ihre Stimme brach, und ich konnte ganz klar sehen, wie sich Unwohlsein, Angst und Scham in ihren Blicken vermischten. »Das kann doch alles nicht wahr sein!« Verzweifelt versteckte sie ihr tränenüberströmtes Gesicht in ihren Händen. Die Frau tat mir unglaublich leid. Was muss es für eine Belastungssituation für eine Mutter darstellen, wenn der eigene Sohn plötzlich Dinge tut und sagt, die gesellschaftlich geächtet sind und überhaupt nicht der Norm entsprechen? Auch Familienmitgliedern schlägt die Erkrankung eines Angehörigen oftmals auf die Psyche. Für alle Beteiligten ist es wichtig, eine medizinische Versorgung einzuleiten. Was sich allerdings oft nicht einfach gestaltet. Psychotische Patienten erleben eine »andere Realität« und empfinden es wie eine Art Komplott gegen sie, wenn man ihnen nahelegt, einen Arzt aufzusuchen. Damit kommen wir wieder an den Punkt, an dem wir so oft in solchen Fällen stehen. Wie überzeugt man einen Patienten, der in seinen Augen kein Problem hat oder keines haben will, ärztliche Hilfe anzunehmen? Wenn sich jemand trotz der besten Überzeugungskünste noch sträubt, dann steht und fällt jede Handhabe wieder mit der Einschätzung der Eigen- und Fremdgefährdung. Doch wo fängt die tatsächlich an? Keiner von uns wollte in dieser Situation warten, bis der Sohn wahrhaftig handgreiflich würde, und dennoch waren uns akut die Hände gebunden.

Wir legten der Mutter daher nahe, sich für die Zukunft Gedanken über die gemeinsame Wohnsituation zu machen.

»Aber ich kann ihn doch nicht rauswerfen. Er ist mein Sohn!«, weinte sie.

»Denken Sie in aller Ruhe darüber nach, was das Beste für jeden von Ihnen beiden wäre«, riet ihr mein Kollege, während so langsam Aufbruchstimmung aufkam.

Als wir schließlich gerade im Begriff waren, die Wohnung zu verlassen, griff die Mutter flehend meine Hand und warf sich vor mir auf den Boden. »Bitte!«, weinte sie. »Bitte, helfen Sie uns!« Ich hielt es kaum aus, ihr in die verzweifelten Augen zu sehen. Sie dort sitzen lassen zu müssen, allein mit ihrem Kummer, triggerte maximal meinen Helferinstinkt. Aber was sollte ich tun? In der akuten Situation konnten wir ihren Sohn weder mitnehmen noch behandeln, denn offensichtlich bekam er ja bereits Medikamente. Wie zuverlässig er diese einnahm, konnten wir in diesem Moment unmöglich nachvollziehen.

Es kommt immer wieder vor, dass Patienten ihre Medikation eigenmächtig absetzen. Betroffene lernen auch, ihre Symptome und Gedanken so gut zu verstecken, dass man ihnen (zeitweise) glauben könnte, sie seien gesund. Selbst unter Medikamenteneinnahme – und heutzutage lassen sich damit gute Ergebnisse erzielen – ist ein Wiederaufflammen der Störung nicht auszuschließen. Viele Wenns und Vielleichts. Viele Faktoren und Abwägungen für uns. Und am Ende konnten wir der aufgelösten Mutter »bloß« zuhören, versuchen, ihr Trost zu spenden, und für sie da sein. Mehr aber auch nicht. Irgendwann mussten wir sie schweren Herzens zurücklassen; und ich dachte noch eine Weile darüber nach, was wohl aus ihr werden würde. Ich konnte nur hoffen, dass es tatsächlich nie zum Äußersten kommen würde. Doch wie so häufig würde ich es nicht erfahren.

Eine Bemerkung zum Schluss: Wie ich bereits in einem früheren Kapitel erwähnte, kann es durchaus Betroffene geben, die im Rahmen ihrer Psychose niemals eine Fremd- oder Eigengefährdung entwickeln. Das macht es mitunter nicht weniger belastend, hilflos dabei zusehen zu müssen, wie ein geliebter Mensch sich verändert, bis man ihn am Ende vielleicht nicht mehr wiedererkennt. Die Psychose durch Sensibilisierung von Patienten und deren Angehörigen für Frühsymptome und mithilfe entsprechender Therapie rechtzeitig einzudämmen, stellt keinen Garanten für einen dauerhaften Erfolg dar. Demnach ist es verständlich, dass der Wunsch nach Hilfe laut wird.

Und glauben Sie uns, so ungern wir jemanden zurücklassen, wenn wir angefleht werden zu helfen, oftmals können wir diesem Drängen nicht gegen den Willen der Patienten nachkommen. Das bedeutet jedoch nicht, dass Sie allein dastehen. Es gibt Anlaufstellen für Angehörige wie beispielsweise den Sozialpsychiatrischen Dienst, das Angebot der Psychosozialen Kontakt- und Beratungsstelle des Roten Kreuzes oder den Bundesverband der Angehörigen psychisch erkrankter Menschen e. V. Hinten im Buch finden Sie noch weitere Anlaufstellen.

Spieglein, Spieglein an der Wand, wer ist der Mächtigste im ganzen Land?

Eine Frage, die ich relativ häufig gestellt bekomme, ist: Luis, kannst du dir vorstellen, noch die dreijährige Berufsausbildung zum Notfallsanitäter zu machen?

Tatsächlich denke ich selbst regelmäßig darüber nach und bin dabei immer hin- und hergerissen.

Grundsätzlich gibt es für mich zum jetzigen Zeitpunkt nur zwei Gründe, weshalb ich die höchste nicht ärztliche Qualifikation im Rettungsdienst anstreben wollen würde: Nummer eins ist, dass ich unfassbar gerne lerne und neues Wissen aufnehme. Ich liebe es, zu einem Sachverhalt Studien zu durchforsten und zu schauen, welche Forschungen zu meiner Fragestellung schon gelaufen sind. Tatsächlich komme ich aber immer wieder zu dem Schluss, dass ich die Inhalte, die mich wirklich interessieren, ebenfalls über Fortbildungen und Kurse erlernen kann.

Der zweite Grund ist ganz anderer Natur und sagt ehrlicherweise einiges darüber aus, wie tief sich manchmal die Abgründe menschlichen Miteinanders auftun. Denn es kommt gelegentlich vor, dass ich mir von Kollegen mit einer höherer Ausbildung – nicht akademischen Grades – anhören muss: »Du bist ja nur Rettungssanitäter.«

Kommt es während eines Einsatzes zu Unstimmigkeiten bei der Einschätzung der Lage, wird man mit diesem Argument gerne mundtot gemacht, selbst wenn man vielleicht sogar viel mehr Berufserfahrung hat als ein dienstjüngerer Kollege mit höherer Ausbildung.

Würde ich jetzt die Berufsausbildung zum Notfallsanitäter beginnen, wäre jedem Kritiker nach drei Jahren diese Argumentationsgrundlage entzogen, weil ich die Qualifikation formal halten würde. Aber sollte dieses Kompetenzgehabe der ausschlaggebende Grund für eine Ausbildung sein? Ich persönlich finde, es ist irgendwie ein Armutszeugnis, wenn wir so denken müssen, und ich frage mich überspitzt gerne Folgendes: Möchte ich lieber über eine Qualifikation verfügen, die ich jedem vor die Nase halten kann, aber möglicherweise dennoch nicht richtig performen, falls ich eine Situation falsch einschätze, oder möchte ich richtig performen, wenn es darauf ankommt – möglicherweise auch ohne eine Qualifikation auf einem Zettel, aber durch jahrelange Berufserfahrung sicher in meiner Vorgehensweise? Die Antwort liegt auf der Hand.

Natürlich sollten diese beiden Optionen grundsätzlich nicht auseinanderklaffen, und wir gehen davon aus, dass ein Notfallsanitäter mit dreijähriger Ausbildung dementsprechend »performen« kann, wenn es darauf ankommt.

Im Praxisalltag finden sich jedoch auch folgende Extremfälle: Während meiner zehn Jahre Diensterfahrung habe ich diverse Male beobachtet, dass der Spruch *Hunde, die bellen, beißen nicht* auch im Rettungsalltag zutrifft. Ich formuliere ihn gerne um zu: *Retter, die schreien, retten nicht.* Oft sind es nämlich die Kollegen, die die abenteuerlustigsten Geschichten erzählen und sich am meisten auf ihre Kompetenz oder ihre Funktion einbilden, die im Einsatz beim Patienten am wenigsten abliefern.

Wenn ich von solch einem Kollegen dann den Satz höre: »Du bist nur Rettungssanitäter, oder?«, erkenne ich meist sehr schnell, worauf er hinauswill: eine Hierarchie aufbauen.

Ein geschätzter Praxisanleiter und guter Freund sagt immer: Du kannst nach drei Jahren dein Ausbildungszeugnis in den Händen halten und trotzdem nicht die Kompetenz haben, die ein berufserfahrener Kollege mitbringt, der weiß, wie man eigenständig ein Team führt oder eine Patientenversorgung durchführt. Urkunden sagen lediglich auf dem Papier etwas über deine Skills aus. In der Praxis kommen so viele Komponenten dazu, die nicht im Schulbuch stehen, die Fingerspitzengefühl und Menschenkenntnis fordern. Situationen, in denen man ohne Berufserfahrung sang- und klanglos untergeht.

Ich sehe das ähnlich. Eine Urkunde garantiert dir noch keine praktischen Skills. Am wichtigsten ist, dass der Patient leitlinien- und fachgerecht versorgt wird, oder? Solange das geschieht, ist meiner Meinung nach ein Rettungssanitäter so gut in seinem Job wie ein Notfallsanitäter und umgekehrt.

In einer Autowerkstatt habe ich zumindest nie den Meister zu seinem Gesellen sagen hören: »Du bist nur Geselle, oder?«

Jemand, der die richtigen Skills für seinen Job mitbringt, ist wertvoll für eine Firma. Punkt. Und jemand, der nicht anwenden kann, was er in der Theorie gelernt hat, bringt einem Unternehmen nichts. In der Medizin kann das sogar lebensgefährlich für die Patienten werden.

Ich persönlich tue viel dafür, um einen guten Job abzuliefern und im Einsatz optimal zu funktionieren. Dafür bilde ich mich weiter, belege Kurse und lese Dinge nach.

Hätte ich nicht Rettungsingenieurwesen studiert, würde ich womöglich eine ganz andere Dringlichkeit empfinden, mir diese Qualifikation auf dem Zettel noch einzuholen. Aber lege ich meine Berufserfahrung in die Waagschale, dann würde mir die dreijährige Ausbildung wahrscheinlich wenig mitgeben, was ich nicht schon »on the job« gelernt habe. Der einzige Unterschied wäre, dass ich mich gegenüber Kollegen behaupten könnte, die aufgrund ihrer höheren Ausbildung ohne Rücksicht auf Verluste ihren Kopf durchsetzen. Und manchmal wäre das ehrlicherweise das beste Argument dafür. Denn wir haben ein Problem mit heterogenen Charakteren, Hierarchien und viel Kompetenzgerangel im Rettungsdienst. Die Notfallsanitäter beschweren sich vereinzelt über das reglementierende oder herablassende Verhalten des ärztlichen Personals, verhalten sich gegenüber ihren Kollegen teilweise jedoch nicht besser. So entstehen im Einsatzalltag regelmäßig explosive Mischungen, unter denen am Ende vor allem einer leidet: der Patient.

Alles hört auf mein Kommando!

Ein Kollege, mit dem ich sehr häufig fahre, ist Notfallsanitäter durch und durch. Er bringt wirklich außerordentliche Skills für diesen Beruf mit.

Aber was bringen Skills, wenn sie nicht zum Einsatz kommen?

Genau dieses Problem prangert mein Kollege an. Fehlenden Kompetenzerhalt. Denn wir fahren regelmäßig Einsätze, bei denen wir gar nicht richtig »zum Einsatz« kommen.

So passiert es nicht selten, dass eine Rettungswagenbesatzung nicht das leisten kann, wofür sie ausgebildet und geeignet ist, sobald ein Notarzt mitalarmiert wird, der das Kommando förmlich an sich reißt. Dadurch kommt es leider immer wieder zu Schwierigkeiten innerhalb des gesamten Teams.

Sobald der besagte Kollege und ich also zusammen im Einsatz waren und gemeinsam mit einem Notarzt alarmiert wurden, startete für uns automatisch ein Wettrennen gegen die Zeit.

Wer kam zuerst am Einsatzort an? Wir oder er?

Denn sofern wir zuerst eintrafen und feststellten, dass der Zustand des Patienten es zuließ, war es möglich, den Notarzt wieder abzubestellen. Das kommt gar nicht selten vor.

Dies gelang uns leider nicht an folgendem Tagdienst im Dezember: Unter dem Meldebild *Krampfanfall Kind* wurden wir zeitgleich mit einem Notarzt in eine Schule gerufen.

Durch einen Fehler im Einsatzleitsystem teilte uns unsere Leitstelle jedoch eine falsche Adresse mit, und so standen wir zunächst vor einem Einfamilienhaus, wo wir nicht gebraucht wurden. Schon mal der erste Zeitfresser …

Das Erfragen der richtigen Örtlichkeit kostete uns so viele wertvolle Minuten, dass das Notarzteinsatzfahrzeug uns schließlich einholte – allerdings ebenfalls zunächst an der falschen Location.

Wir blieben kurz nebeneinander stehen, ließen die Fensterscheiben herunter und tauschten uns darüber aus, wo wir die korrekte Einsatzstelle vermuteten.

Nachdem wir uns dazu entschieden hatten, gemeinsam zur nächstliegenden Schule zu fahren, sagte mein Kollege unterwegs nur seufzend: »Luis, mit diesem Arzt hatte ich schon mal einen Einsatz. Das gibt eine Katastrophe.«

Uff. Durch diese Aussage war ich dann bereits voreingenommen.

Für ein detailliertes Briefing, wieso, weshalb, warum der geschätzte ärztliche Kollege eine wandelnde Katastrophe war, blieb allerdings keine Zeit. Denn wir drückten aufs Gas, in der Hoffnung, noch einen kleinen Vorsprung rausholen zu können.

Im Idealfall hätten wir vor ihm eintreffen, die Lage sondieren und ihm Adieu winken können, falls er nicht gebraucht würde.

Tatsächlich trafen wir einen Augenblick vor dem Notarzt am Einsatzort ein. Zügig wie immer stieg ich aus dem Wagen und machte mich mit meinem Equipment auf den direkten Weg zum Eingang der Schule. Was ich nicht mitbekam, weil ich hinten keine Augen habe, war, wie der Notarzt eine Vollbremsung hinlegte und mir hinterherstürzte. (Mein Kollege berichtete mir später davon.) Man könnte fast meinen, er wollte unbedingt verhindern, dass ich vor ihm eintraf. Wie auch immer.

Ich hatte einige Meter Vorsprung und wurde in den Erste-Hilfe-Raum der Schule geführt.

Nach zehn Jahren, und das wird jeder Kollege bestätigen, hat man schon bei Betreten des Raums einen Blick für die Situation und den Patienten.

Auf einer Liege lag ein achtjähriges Kind, vollumfänglich wach, nur etwas bleich. Typisch für einen epileptischen Anfall wäre es, einen Patienten in der Nachschlafphase anzutreffen. Dies war hier nicht der Fall.

»Wie lange hat er gekrampft?«, fragte ich die Lehrerin, und sie antwortete: »Nicht mal eine Minute.«

Damit war die Diagnose für mich klar: Hier war es zu einer konvulsiven Synkope, also einer »krampfenden Ohnmacht« gekommen.

Aus einer neurologischen Fortbildung weiß ich, wie sich die verschiedenen Krampfgeschehen voneinander abgrenzen. Der Neurologe hatte damals einen hervorragenden Vortrag darüber gehalten, wie man mit einfachen Mitteln psychogene Krampfanfälle (durch die Psyche ausgelöste – dissoziative – bewusstseinsabspaltende Anfälle), epileptische Krampfanfälle und auch konvulsive Synkopen voneinander abgrenzen kann. Ein besonderes Anliegen war ihm gewesen, darauf hinzuweisen, dass ein Großteil der Ohnmachten konvulsiv, also krampfend verlaufen. Das bedeutet, bei einem Patienten, der beispielsweise aufgrund einer Kreislaufdysregulation ohnmächtig wird oder weil er kein Blut sehen kann, können ebenso für einen besonders kurzen Zeitraum – unter einer Minute – zuckende, krampfende Gliedmaßen begleitend zur Ohnmacht (Synkope) auftreten, ohne dass hier ein Krampfanfall vorliegt. (Der Körper krampft kurz während der Ohnmacht, das ist nicht gleichbedeutend mit einem Krampfanfall epileptischer und psychogener Natur.) Für den Laien besteht hier jedoch eine große Ähnlichkeit, deshalb gilt es, den genauen Zeitraum zu erfragen und herauszufinden, wie schnell der Patient wieder ansprechbar war.

Selbst medizinisches Personal tut sich oft schwer mit der Abgrenzung. Ein Hausarzt hatte uns einmal aufgrund eines Krampfanfalles in seiner Praxis alarmiert und gab an, dass der Patient während der Blutdruckmessung plötzlich einen epileptischen Anfall gehabt hätte. Der Patient war ebenfalls wie unser Schüler vollumfänglich wach und lediglich kreidebleich. Im Rettungswagen erzählte uns der Patient schließlich, dass er die Kompression des Oberarms bei einer Blutdruckmessung so unangenehm findet, dass er davon schon mal ohnmächtig wird. Der Mechanismus dahinter ist der Gleiche wie bei Menschen, die kein Blut sehen können. Es handelte sich also um eine Synkope und nicht um einen epileptischen Anfall.

Das kommt bei Kindern und Jugendlichen im Wachstum übrigens gar nicht so selten vor. Im Falle des Schülers aus unserem Beispiel vermutete ich dasselbe.

Um alle Eventualitäten abzuklären, fragte ich dennoch: »Ist eine Epilepsie bekannt?«

Die Lehrerin verneinte.

In diesem Moment platzte der Notarzt in den Raum, und ich fasste die Situation für ihn zusammen: »Das Kind ist wieder vollumfänglich wach und ansprechbar, kein Krampfleiden bekannt, es handelt sich meiner Meinung nach um eine konvulsive Synkope. Wenn du möchtest, kannst du wieder fahren, wir kommen hier klar.«

Doch er beachtete mich nicht mal, sondern ging an mir vorbei, als wäre ich Luft für ihn, und setzte sich neben das Kind. Er nahm die Hand des Jungen und fing an, beruhigend auf ihn einzureden.

Okay. Ich beobachtete die Situation etwas skeptisch, denn auf mich wirkte sein Verhalten in diesem Moment unverhältnismäßig dramatisch. Beinahe so, als wollte er vermitteln: Alles gut, der Notarzt ist jetzt da. Dir kann nichts mehr passieren.

Und das bei einem Kind, das völlig entspannt und ruhig auf der Erste-Hilfe-Pritsche der Schule lag und aus meiner Sicht diese überzogene Fürsorge gerade nicht brauchte. (Selbstverständlich ist das nur meine subjektive Beurteilung, die durch persönliche Vorurteile geprägt sein kann.)

Ich versuchte also, noch einmal anzusetzen: »Meiner Meinung nach handelt es sich hierbei am ehesten um eine konvulsive Synkope. Das Kind ist völlig stabil, wir können hier gern die Stellung ha…«

»Also er hat gekrampft, ja?«, fiel er mir einfach ins Wort und sah ausschließlich die Lehrerin an.

Diese erzählte nun alles wieder von vorne.

Im Gegensatz zu mir ließ sich der Notarzt jedoch nicht auf die Verdachtsdiagnose »konvulsive Synkope« ein, sondern startete den Behandlungspfad »epileptischer Anfall«.

»Dann machen wir einmal ein komplettes Monitoring und legen einen Zugang«, sagte er.

Ich schaute ihn verdutzt an, denn bei Kindern wird in der Regel kein Zugang gelegt, wenn nicht wirklich die akute Dringlichkeit besteht. Kinder haben feine Gefäße und reagieren meistens grundsätzlich sensibel auf Nadeln. Diese psychische Belastung versucht man ihnen nach Möglichkeit zu ersparen.

Somit setzte ich also zum dritten Mal zum Gespräch an, um dem Jungen diese unnötige Quälerei zu ersparen, da riss meinem Kollegen die Hutschnur.

»Weißt du was, Luis? Ich gehe jetzt zum Rettungswagen, unsere Kompetenz wird ja hier anscheinend nicht gebraucht, wenn man meint, einfach nicht zuhören und bloß sein eigenes Ding durchziehen zu müssen! Soll er seinen Kram allein machen.« Mit diesen Worten verließ er den Raum.

Auf einmal schien der Notarzt doch ein Ohr zu haben, das er mir vorher nicht zu schenken vermochte, und meinte zu mir: »Mit deinem Kollegen muss ich gleich noch reden!«

Unabhängig davon, dass er bloß sein angekratztes Ego verteidigen wollte, nutzte ich seine Aufmerksamkeit dafür, um erneut anzusetzen: »Also mein Vorschlag wäre, dass wir das Kind jetzt in den Rettungswagen bringen. Hier liegt im Moment keine Indikation für einen Venenzugang vor.«

»Vorher messen wir aber noch den Blutzucker!«, erwiderte er.

Wie zu erwarten, war die Blutzuckermessung nicht möglich, weil der Junge nur bei der Vorstellung, dass eine Nadel in seinen Finger gestochen werden würde, panisch wurde.

Vom Geschrei des Jungen ließ sich letztendlich auch der Notarzt überzeugen, sodass wir den Achtjährigen schließlich »nur« mit einem abgeleiteten 12-Kanal-EKG zur Überwachung seiner gesamten Herzaktivität (was bei Kindern eher selten zum Einsatz kommt), einer Blutdruckmanschette um den Arm sowie einer Pulsoxymetrie am Finger zur Messung der Sauerstoffsättigung im Blut und der Herzfrequenz auf der Trage liegend die paar Meter zum Rettungswagen schieben durften.

Dort angekommen, wollte das Kind nicht einsteigen.

Deshalb schlug ich vor: »Da keine Vorerkrankungen bekannt sind und es sich offenbar um eine reine Ohnmacht handelte, wäre es vielleicht eine gute Lösung, wenn wir hier auf die Mutter des Jungen warten und sie mit ihm beim Kinderarzt vorstellig wird.«

Überraschung! Auch diese Idee ignorierte der Notarzt.

Glücklicherweise war die Mutter des Jungen bereits verständigt und traf nur wenige Minuten später mit dem zweijährigen Geschwisterkind auf dem Arm ein.

Der Notarzt begann seine »Krampfanfall«-Übergabe an die Mutter, und ich konnte es ehrlich schon kaum noch aushalten, schon wieder die gleiche, meiner Meinung nach falsche, Diagnose zu hören. Deshalb grätschte ich in das Gespräch hinein: »Ist so was denn schon mal passiert? Dass er einfach umgekippt ist?«, wollte ich von der Mutter wissen.

»Ja«, antwortete sie. »Er fühlt sich oft sehr gestresst im Schulalltag. Aber meistens ist er schnell wieder fit.«

Die Mutter schlug schließlich von sich aus vor, noch eine Viertelstunde zu warten, bis ihr Mann mit dem Auto kommen würde, da sie mit dem Rad unterwegs war. Anschließend würde sie mit dem Jungen dann zum Kinderarzt fahren.

Ihr Vorschlag war also derselbe wie meiner kurz zuvor.

»Nein!«, ertönte da wieder die Stimme des Notarztes. »So machen wir das nicht!«

Stattdessen folgte die denkbar schlechteste Umsetzung: Der Notarzt bestand darauf, mit versammelter Mannschaft im RTW ins Krankenhaus zu fahren. Das bedeutete: Wir mussten ein zweijähriges gesundes Kind zunächst einmal adäquat im Rettungswagen sichern. Dafür musste der Patient von der Trage aufstehen und sich auf einen Stuhl setzen, damit das jüngste

Kind auf das Kinderrückhaltesystem der Trage gelegt werden konnte. Die Mutter wiederum fand Platz auf dem Stuhl daneben. Das gefiel dem gesunden kleinen Mitfahrer auf der Patientenliege jedoch nicht besonders, da er auf diese Weise nicht mehr auf dem Arm der Mutter sein konnte.

Puh! Halten wir also fest: Das gesunde Kleinkind lag heulend auf der Patiententrage und der Patient saß wacker auf dem Stuhl daneben. Dieses Bild dürfte unterstreichen, wie skurril der ganze Ablauf war.

Nachdem auch noch der Notarzt zugestiegen war, war für mich kein Platz mehr übrig. Zumindest nicht dort, wo ich hätte mitfahren sollen. Beim Patienten.

Und als wäre nicht genug Chaos angerichtet, plante der Notarzt, das Kind umgehend in der Neurologie anzumelden.

Erneut kam ich mit meiner alten Leier ums Eck: »Ich glaube, es ist nicht neurologisch, sondern pädiatrisch mit einer konvulsiven Synkope.«

Der Notarzt ignorierte mich wie eh und je und rief noch aus dem RTW im Krankenhaus an, um mit dem Neurologen zu sprechen: »Wir haben hier ein Kind, am ehesten mit einem konvulsiven Krampfanfall.«

Wie bitte? In der Sekunde fiel es mir wie Schuppen von den Augen: Der Notarzt wusste einfach nicht, was eine konvulsive Synkope ist. Er wusste nicht, dass es Ohnmachten gibt, die krampfend verlaufen können. Er hatte keine Ahnung, sonst hätte er nicht »konvulsiver Krampfanfall« gesagt. Denn die Wörter bedeuten schlicht und ergreifend das Gleiche. Er hatte dem Neurologen gerade wortwörtlich gesagt, dass er einen Patienten mit einem »krampfenden Krampfanfall« vorstellen wollte. Das würde niemand so ausdrücken, der sich im Hinblick auf die Begrifflichkeiten sicher ist.

Mir erschloss sich also, dass er das Wort »konvulsiv« von mir aufgeschnappt hatte und seine Art, mich zu ignorieren, vermutlich bloß eine Strategie war, um seine Ahnungslosigkeit zu überspielen.

Nun gut, das Krankenhaus war informiert, dass wir kommen würden, und so stieg ich vorne neben meinem Kollegen ein. Natürlich hatte der Notarzt auch dagegen Einwände, aber es ging nun mal nicht anders, da er ja eine halbe Fußballmannschaft in den Patientenraum des RTW bugsiert hatte. So konnte er während der gesamten 25 Minuten ins Krankenhaus das Schreikonzert des jüngsten Insassen aus nächster Nähe genießen.

Auf der Fahrt erzählte ich meinem Kollegen, der den Erste-Hilfe-Raum in der Schule frühzeitig verlassen hatte, was noch alles passiert war. Er kam aus dem Kopfschütteln nicht mehr raus. Ich sagte ihm aber auch: »Ich kann verstehen, dass du dich geärgert hast. Trotzdem finde ich es nicht okay, dass du das Team allein gelassen hast.«

Er sah seinen Fehler ein und wir haben letztendlich ebenfalls unser Verhalten reflektiert. Sicher war es keine gute Voraussetzung, schon mit der Einstellung, den Notarzt loswerden zu wollen, in den Einsatz zu gehen. Aber das Verhalten des Arztes demonstriert dennoch gut, wie es zu solch einer Einstellung überhaupt kommt.

Kaum am Krankenhaus vorgefahren, stieß der Notarzt umgehend die Tür auf, schnappte sich das Kind und lief Händchen haltend mit ihm in der Klinik ein – was grundsätzlich nicht verkehrt ist, dem kleinen Patienten Sicherheit zu geben, doch die Mutter des Jungen war ja anwesend. Nun gut, so schnell, wie der Notarzt in die Klinik stürmte, kam die Mutter mit dem Zweijährigen ohnehin nicht hinterher und so schauten mein Kollege und ich uns vielsagend an. Ich dachte mir dasselbe, was ich mir schon in der Schule gedacht hatte, sobald der Arzt auf der Bildfläche erschienen war: Macht Platz für Dr. Superheld!

»Wir kümmern uns dann mal um den Rest der Familie!«, rief mein Kollege ihm hinterher.

Wir halfen der Mutter und dem Kind beim Aussteigen, und anschließend blieb uns nichts anderes übrig, als auf die Rückkehr des Notarztes zu warten. Denn er hatte ja laut der Hierarchie das Sagen. So, wie er sich schon die ganze Zeit aufgeführt hatte, machte es wenig Sinn, im Krankenhaus die Diskussion um den *krampfenden Krampfanfall* von Neuem aufzurollen.

Als der Notarzt aus der Klinik kam, ging er schnurstracks auf meinen Kollegen zu. »So! Wir reden jetzt gleich!«, herrschte er ihn an.

Zuerst musste er jedoch den Transportschein ausfüllen, weshalb er in den Patientenraum einstieg, wo ich gerade Klarschiff machte. Diese Gelegenheit wollte ich nutzen.

»Ich würde gerne noch mal mit dir reden«, sagte ich zu ihm.

»Ja, warum?!«, fragte er scheinheilig.

»Nicht nur, dass du dich absolut ignorant verhalten hast, dieser ganze Einsatz wurde schlichtweg fehlgeleitet und …«

»Stopp!«, unterbrach er mich und hielt mir schon fast aggressiv seinen Stift unter die Nase. »Mit dir rede ich jetzt nicht.«

Bevor sein Kugelschreiber noch in einem meiner Augen landete, zog ich meinen Kopf ein wenig zurück.

»Ist dir bewusst, dass du mit deinem Stift in meinem Gesicht herumfuchtelst?«, fragte ich ihn höflich, aber bestimmt.

»Ja, ist es!«

»Gut, dann hätte ich gerne deinen Namen!«, forderte ich.

»Kannst du haben: DOKTOR Peter!« Die Betonung lag auf Doktor und damit waren wir wieder beim Thema: Wie viel Wert lege ich auf meine Titel?

Ohne weiter auf unser Gespräch einzugehen, ließ er mich stehen und zog sich schließlich für zwanzig Minuten mit meinem Kollegen zurück.

Ich konnte nichts von der Unterredung hören, erkannte aber am Gesichtsausdruck meines Kollegen, dass die beiden keinen gemeinsamen Nenner gefunden hatten.

Danach kam er wieder auf mich zu: »So, und jetzt zu dir.« Er nahm mich ebenfalls beiseite. »Ich reiße niemandem so schnell den Kopf ab, aber heute war ich kurz davor! Als Notarzt habe ich das Sagen und bei Kindern bin ich immer vorsichtig. Und so, wie dein Kollege vorhin abgehauen ist, wusste ich nicht, ob ich euch ein Kind anvertrauen kann! Hast du jetzt immer noch was zu sagen?« Sein Ton war mehr als provozierend.

Und so ungern ich es zugab: Obwohl das Verhalten meines Kollegen genau genommen bereits Reaktion statt Aktion war, hatte er dem Notarzt damit ein schlüssiges Argument geliefert, das der nun wunderbar zu seinen Gunsten auslegen konnte.

Bei der selbstgefälligen Art des Arztes stellten sich mir trotzdem die Nackenhaare auf.

»Also, erstens kann ich dir genauso den Kopf abreißen, dieses Recht hast du als DOKTOR nicht gepachtet, und zweitens hast du jeden einzelnen Hinweis ignoriert und diesen Einsatz in eine völlig falsche Richtung geleitet, mit einer völlig falschen Diagnose.« Ich machte eine kurze Pause, dann schob ich hinterher: »Ja, mein Kollege hat sich falsch verhalten, darüber haben wir bereits gesprochen, aber dein Verhalten hat den Vogel heute abgeschossen!«

Ich erwartete eine Schimpftirade, eine überhebliche Zurechtweisung oder gar, dass er in der Tat versuchte, mir meinen Kopf abzureißen. Doch schließlich sagte er nur: »Ich habe dich nicht verstanden, ich höre aktuell auf dem linken Ohr nicht so gut.

Damit wollte ich längst mal zum HNO gehen, aber das ist ein anderes Thema. Eigentlich wollte ich nur noch sagen, dass ihr mich, einen Notarzt, hier völlig unnötig in diesem Einsatz gebunden habt.«

Moment, was? In meinem Kopf spulte ich zurück und hörte mich mehrfach sagen: *Wir kommen hier allein klar, du kannst gehen, wenn du willst.*

Es war mir ein absolutes Rätsel, wie man derart die Realität verdrehen oder eine völlig falsche Wahrnehmung haben konnte.

Mag sein, dass es Leute gibt, die unser Verhalten einem Arzt gegenüber anmaßend finden, weil wir ja »nur« Notfallsanitäter und »nur« Rettungssanitäter waren, aber ich erachte es als wichtig, Kollegen, egal auf welcher Position in der Befehlskette, darauf hinzuweisen, wenn ich glaube, dass eine falsche Diagnose gestellt wird.

Dagegen gibt es auch Kollegen, die sagen: »Der Notarzt trägt die Verantwortung, deshalb hat er immer recht.«

Denjenigen empfehle ich gerne, im Crew Resource Management[4] nachzuschlagen und sich mit Fallbeispielen vertraut zu machen, in denen die erfahrenste Person mit der höchsten Qualifikation und der größten Verantwortung eine falsche Entscheidung getroffen hat, die mehrere Hundert Menschen das Leben kostete, während sich die weniger erfahrene Person nicht getraut hat, zu widersprechen.

---

4 Crew Resource Management (CRM) in der Notfallmedizin bezieht sich auf ein Trainingsprogramm und eine Methode zur Verbesserung der Teamarbeit und Kommunikation zwischen medizinischen Fachkräften in Notfallsituationen. Ursprünglich für die Luftfahrt entwickelt, hat CRM das Ziel, Fehler zu minimieren und die Sicherheit zu maximieren, indem es die Zusammenarbeit und die Nutzung aller verfügbaren Ressourcen optimiert.

Hier mal zwei Beispiele: In Schleswig-Holstein verstarb ein kleiner Junge, nachdem ein Notarzt Medikamente in falscher Dosierung verabreicht hatte.

In Niedersachsen verstarb ein Mann nach einem Fenstersturz in suizidaler Absicht. Ein Notarzt zweifelte den Fenstersturz an, unterließ eine körperliche Untersuchung und ließ den Patienten statt in einen Schockraum in eine geschlossene Psychiatrie bringen, wo der Patient zwei Stunden später an inneren Verletzungen verstarb.

Und deshalb sage ich: Mag sein, dass jemand anderes als ich rechtlich die Verantwortung trägt, aber wenn es um ein Menschenleben geht, muss ich gegebenenfalls damit leben, meinen Mund nicht aufgemacht zu haben!

Jeder Mensch kann Fehler machen, egal, wie hoch qualifiziert er ist. Deshalb gilt es, die Personen einen Einsatz führen zu lassen, die das beste Situationsbewusstsein haben.

Mal angenommen, wir glauben unserem DOKTOR Peter seine Hörproblematik, dann wäre es doch ein Leichtes für ihn gewesen, in die zweite Reihe zu treten und lediglich überwachend tätig zu sein. Das hatte er aber nicht getan.

Insgesamt muss man festhalten: Der gesamte Einsatz war von beiden Seiten keine CRM-Glanzleistung, das muss man knallhart feststellen. Ob im Hinblick auf Kommunikation oder Empathie – da hätte es ein besseres Crew Resource Management geben müssen. Natürlich gibt es auch immer zwei Seiten einer Geschichte. Grundsätzlich werden beide Parteien versucht haben, das Beste für den Patienten rauszuschlagen, es gab nur leider diverse Diskrepanzen in der Wahrnehmung, was das Beste für den Patienten war.

Tatsächlich war dieser Einsatz für mich in zehn Jahren der Einzige, der derart eskaliert ist. Ich habe meine Lehre daraus gezogen und gehe seither relativ zügig der unspektakulären Aufgabe nach, den Transport vorzubereiten, denn zu viele Köche verderben erfahrungsgemäß den Brei. In der Regel sind die verbleibenden Teammitglieder auch ausreichend. Je nach Besatzung können übrigens ein Notarzt, der Fahrer des Notarztwagens sowie ein Praktikant im Notarztfahrzeug anwesend sein und im RTW ein Rettungssanitäter, ein Notfallsanitäter sowie ein Notfallsanitäter im Praktikum.

»Fun« Fact: Was die meisten Leute nicht wissen, ist, dass schon bei einem erstmals aufgetretenen Krampfgeschehen ein zweijähriges Fahrverbot auferlegt werden muss. Vielleicht ist das noch ein Grund mehr, zwei Mal hinzusehen.

Ich habe tatsächlich schon Leute kennengelernt, die aufgrund einer Krampfanfalldiagnose ihren Führerschein erst später machen durften – obwohl nie wieder ein weiterer Anfall in Erscheinung getreten ist.

Wer weiß, vielleicht war in dem einen oder anderen Fall auch da ein krampfender Krampfanfall nach DOKTOR Peter dabei…

Aber Spaß beiseite: Spätestens, wenn es um das Führen von Fahrzeugen und Maschinen geht, kann es für Menschen schnell ernste Folgen haben, wenn eine Ohnmacht fälschlicherweise als epileptischer Anfall dokumentiert wird.

An der Stelle bat uns auch der Neurologe, dessen Seminar ich besucht hatte, genau hinzugucken. Denn, wie gesagt, für medizinisches Personal stellt sich die Lage ebenfalls nicht immer ganz eindeutig dar, und es ist schwer, eine zuverlässige Diagnose zu stellen. Und das ist nicht verwunderlich, wenn wir uns ansehen, wie sich Einsätze dieser Art gestalten: Irgendjemand, oft ein Laie, in unserem Beispiel eine Lehrerin, beobachtet einen Krampfanfall oder einen Ohnmachtsanfall mit Krampferscheinung. Bis wir vor Ort eintreffen, ist der Patient wieder einigermaßen klar. Wir sehen also nicht mehr, wie und wie lange er krampfte. Wir sind rein auf die Aussagen der Beobachter angewiesen. Also stellen wir unsere Diagnose anhand diverser Parameter, bestimmter Fragen und mithilfe unserer Berufserfahrung. Würden wir als medizinisches Fachpersonal die Aussage »Krampfanfall« unreflektiert in das Protokoll schreiben und würde dieser Begriff in der Klinik oder beim Arzt ebenso unhinterfragt in die Krankenakte des Patienten wandern, könnte das für einen Berufskraftfahrer, der vielleicht nur konvulsiv synkopiert hat, böse ausgehen: nämlich mit einem zweijährigen Fahrverbot und großen wirtschaftlichen Schwierigkeiten.

Rette sich, wer kann!

Wir wurden in ein Restaurant gerufen. Die Meldung lautete: *bewusstlose Person*. Nun muss ich vorab sagen, dass in den meisten Fällen, in denen es heißt: »bewusstlose Person im Restaurant«, der Patient bis zu unserem Eintreffen wieder voll ansprechbar ist. Der »Klassiker« unter diesen Einsätzen in Restaurants ist nämlich Kreislaufversagen infolge der wohlig-warmen Atmosphäre, der dadurch geweiteten Gefäße, in Kombination mit einem »Fresskoma«, wie man so schön sagt, wodurch es, knapp erklärt, zum Absacken von Blutdruck und Herzfrequenz kommen kann. (Medizinisch erklärt, ist die Ursache hierfür der sogenannte Vagusreiz, die Provokation des Vagusnervs, der am Parasympathikus im zentralen Nervensystem anschließt.) In der Regel stabilisiert sich der Patient in wenigen Sekunden von selbst, und bis wir eintreffen, ist der Spuk vorbei, und wir können ihn heimschicken mit den Worten: »Machen Sie heute einfach noch ein bisschen langsam.«

In Erwartung dieser Situation fuhren wir also in das Restaurant, in das wir gerufen worden waren. Der Wirt kam uns schon entgegen und gab Entwarnung: Die Dame sei wieder ansprechbar und nicht mehr bewusstlos. So weit alles wie erwartet. Nur eine Sekunde darauf kamen jedoch zwei weitere Männer auf mich zugestürzt: »Wir sind Ärzte! Wir haben die Frau gerade reanimiert.«

Reanimiert? In meinem Kopf ploppten Fragenzeichen auf. Moment mal! Eben hieß es bewusstlose Person, dann hieß es, die Patientin sei wieder ansprechbar, und nun steht hier plötzlich eine Reanimation im Raum? Während bei mir Unklarheit herrschte, drang das Gelächter der zwei Mediziner zu mir durch: »Wir haben ihr bei der Reanimation zwar ein paar Rippen brechen müssen, aber hey, hat sich ja gelohnt, sie lebt!«

»Ich will jetzt die Patientin sehen«, sagte ich an diesem Punkt, denn ehrlich gesagt fand ich hier gar nichts zum Lachen, und so ging ich ein paar Meter weiter ins Restaurant hinein, wo ich auf eine komplett ansprechbare Frau traf. Sie lag noch auf dem Boden, aber sie war in der Lage, sich klar zu artikulieren. Die Überprüfung der Vitalwerte ergab einen völlig normalen Blutdruck, und je mehr Überblick ich mir verschaffte, desto komischer kam mir das alles vor. Noch nie habe ich einen Patienten gesehen, der nach einer Reanimation bei komplett klarem Verstand war und einen 130er Blutdruck aufwies.

Ich suchte also erneut das Gespräch mit den beiden Ärzten, um herauszufinden, wieso sie der Meinung waren, es hätte dieser drastischen Maßnahme bedurft, bei der man einer völlig gesunden Frau, die höchstwahrscheinlich nur einen Kreislaufkollaps gehabt hatte, mehrere Rippen brach.

»Fand hier tatsächlich eine Reanimation statt?«

Wir konnten es nicht glauben, so, wie die Situation sich uns darbot.

»Na hören Sie mal, wir sind Kardiologen«, echauffierten sich die beiden. »Hier lag unserer Einschätzung nach ein Sinusarrest vor.« (Einfach erklärt, handelte es sich nach Ansicht der Ärzte um ein Aussetzen der Herztätigkeit beziehungsweise eine Unterbrechung des Herzschlags.)

Auf diese Aussage hin ging bei mir das nächste Lämpchen an, denn ich fragte mich, wie sie dieses Krankheitsbild hatten feststellen wollen, ohne ein EKG zu schreiben und diverse Messwerte zu erheben, die zur Diagnose nötig waren. Durch reines Anschauen kann ein Sinusarrest schließlich nicht festgestellt werden. Die Vermutung lag nahe, dass es sich hier um einen typischen Prävalenzfehler von Seiten der beiden Kardiologen handelte, sprich eine Fehleinschätzung des Krankheitsbildes aufgrund der Erfahrungswerte aus dem eigenen beruflichen Alltag, wodurch ein anderes Krankheitsbild, wie in diesem Fall die ganz normale Ohnmacht, nicht erkannt wurde. Während die beiden Ärzte sich immer noch krass dafür feierten, dieser Frau vermeintlich das Leben gerettet zu haben, wuchs bei mir die Sorge, dass die beiden ihr nicht »nur« die Rippen, sondern vielleicht auch das Brustbein gebrochen haben könnten und Schäden am Herzen dadurch nicht auszuschließen waren. Die Patientin beklagte nämlich Schmerzen im Brustkorb sowie Atemnot seit den Reanimationsmaßnahmen.

Wir entschieden uns deshalb dafür, die Dame in Sicherheit zu bringen, und verlegten sie in unseren Rettungswagen, wo wir einmal das gesamte Programm ablaufen ließen. Wir schrieben ein EKG, ich hörte ihre Lunge ab und hatte tatsächlich auch den Eindruck, einseitig ein abgeschwächtes Atemgeräusch zu vernehmen. Je mehr Werte wir von der Patientin erhoben, desto mehr erhärtete sich der Verdacht, dass hier ernsthaft eine »stinknormale« Ohnmacht reanimiert worden war. Das bedeutete im Klartext, dass diese beiden Fachärzte aufgrund einer Verdachtsdiagnose Wiederbelebungsmaßnahmen an einer nicht toten Person durchgeführt hatten, wobei es zu Rippenbrüchen und Folgebeschwerden kam, die eine gesunde Frau beinahe auf die Intensivstation gebracht hätten. Böse Stimmen könnten natürlich behaupten: Ja, ihr stellt euch jetzt als die Unfehlbaren hin! Aber nein, ich muss sagen, wir sind tatsächlich selbstreflektiert genug, dass wir uns gefragt haben: Haben wir etwas übersehen? Das kann nicht wirklich gerade so passiert sein?!

Deswegen sind wir sogar im Anschluss mit dem EKG, das wir geschrieben hatten (das übrigens eine Sinuskurve wie aus dem Lehrbuch ergeben hatte, komplett unauffällig), zu zwei verschiedenen Ärzten im Krankenhaus gegangen und wollten wissen, ob wir irgendwelche Arrhythmien übersehen oder sonst irgendetwas falsch gemacht hatten.

Aber offenbar hatten wir alles korrekt eingeschätzt. Die Ärzte im Krankenhaus nahmen die Patientin schließlich mit den Worten mit: »Dann schauen wir doch mal, was die beiden Herren mit ihr angestellt haben ...«

Und wie so oft erfuhren wir nicht mehr, was das war, da wir längst schon unterwegs zum nächsten Einsatz waren.

Einsätze wie dieser beschäftigen mich immer noch lange im Nachhinein. Denn leider beobachte ich es häufiger, dass Ärzte, die keine Berufserfahrung in der Notfallmedizin haben, Situationen, die ihr Fachgebiet sprengen, immer wieder falsch einschätzen. In unserem Fall mit der bewusstlosen Dame hätte ein Internist wahrscheinlich gesagt: »Das kann eine Ohnmacht sein.« Wahrscheinlich wäre auch ein Neurologe rasch zu einem ähnlichen Schluss gekommen. Ein Kardiologe, der eine Frau sieht, die vom

Stuhl fällt und sich nicht mehr bewegt, denkt natürlich direkt an ein Herzversagen. Ich will den Kardiologen, die vor Ort waren, selbstverständlich nicht böswillig etwas unterstellen, aber ich gehe stark davon aus, dass hier vor der Reanimationsmaßnahme weder Atmung noch Puls kontrolliert worden waren, denn sonst wäre es niemals zu dieser Fehlbehandlung gekommen.

Ich verstehe absolut, dass es die Motivation eines Arztes ist, Leben zu retten. Mit diesem blinden Übereifer, den die beiden Mediziner hier an den Tag gelegt haben, hätte das die Frau allerdings ihr Leben kosten können. Und ich traue mich ja fast nicht, es öffentlich zu sagen, aber wir retten tatsächlich öfter Patienten vor Ärzten.

Hinter vorgehaltener Hand sagen wir manchmal sogar schmunzelnd zu dem Patienten: »Wir evakuieren Sie dann mal …« Weil teilweise die wildesten Dinge passieren.

Kann gut sein, dass ich mich weit aus dem Fenster lehne, wenn ich so deutlich auf diesen Missstand zeige, und vielleicht ernte ich dafür einen Shitstorm, aber Fakt ist, dieses Thema sollte dringend ernster genommen werden. Denn anders als in vielen anderen Ländern gibt es in Deutschland keinen Facharzt für Notfallmedizin. Im Prinzip geht man davon aus, dass jeder Arzt, egal aus welchem Fachbereich, in der Lage ist, Notfallpatienten optimal zu versorgen. Die Praxis und dieses Fallbeispiel zeigen jedoch, dass dies nicht garantiert ist. Arzt ist eben nicht gleich Arzt. Soweit sich öffentliche Stimmen hierzu äußern, liegt es unter anderem an der Ärztelobby, dass die Notfallmedizin nicht als eigener Fachbereich anerkannt ist, weil befürchtet wird, dass zu viele Orthopäden und Unfallchirurgen zu diesem Fachgebiet abwandern würden.

Ich habe auch schon im Flugzeug erlebt, dass ein Arzt wegen einer – für mich als Notfallsanitäter, der jahrelang in Harlem alkoholisierte Patienten behandelt hat – »normalen« Alkoholintoxikation ausgerufen wurde, bei der für mich ganz klar war: Der Patient muss ausnüchtern. Aber der Arzt fing an, sämtliche Vitalwerte zu messen, ausführlichste Übergabeprotokolle zu schreiben und was er sonst noch alles an Bord spontan machen konnte. Nicht dass das etwas Schlechtes wäre, natürlich ist es besser, als nichts zu tun und im Fall der Fälle Hilfe zu unterlassen, wenn sie dringend gebraucht würde. Aber er war derart eifrig bei der Sache, dass ich, ironisch gesagt, nur darauf gewartet habe, dass er den Defibrillator auspackt.

Man merkt halt einfach, wenn die Erfahrung mit Notfallpatienten fehlt …

Brüllaffen in Uniform

Gegen Ende der Coronapandemie wurden wir zu einer hilflosen Person hinter einer Tür alarmiert. Ein Nachbar hatte Hilfeschreie aus der Wohnung vernommen und den Notruf gewählt. Eine Patientin war im Flur gestürzt und konnte die Wohnungstür nicht eigenständig erreichen.

Da ihre Wohnung im dritten Stock lag, rückte die Feuerwehr mit an. Übrigens kann das Portfolio dessen, was die Feuerwehr zu einer Türöffnung schickt, vom kleinen Mercedes Sprinter mit zwei Mann Besatzung bis hin zum halben Löschzug mit einer Stärke von acht Personen, samt Drehleiter und Löschfahrzeug, reichen. Dafür muss es also nicht immer brennen, auch eine einfache Tür kann uns vor große Herausforderungen stellen.

Die Feuerwehr, die mit Drehleiter und Löschfahrzeug anrückte, ging zuerst ins dritte Obergeschoss, allen voran der Gruppenführer des Löschfahrzeugs.

Der Maschinist der Drehleiter glaubte, von außen ein gekipptes Fenster zu sehen, und baute deshalb die Drehleiter für ein mögliches Betreten über das Fenster auf.

Währenddessen versuchten der Gruppenführer und seine drei Kollegen, über die Wohnungstür Kontakt zur Patientin herzustellen.

Da die Treppe im Hausflur entsprechend gefüllt war, blieben mein Kollege und ich auf dem Treppenabsatz zwischen Erdgeschoss und erstem Obergeschoss stehen. Der Gruppenführer stand ein wenig oberhalb von uns auf dem Treppenabschnitt, der ins zweite Obergeschoss führte. Unmittelbar hinter uns trafen zwei Polizistinnen ein – Ende der Pandemie, gänzlich ohne Mundschutz.

Die Maskenpflicht war am Auslaufen, rein formal gab es zwar noch eine Dienstanweisung der Feuerwehr, FFP2-Masken zu tragen, aber es gab immer mehr Kollegen, die bereits nur noch einen Mund-Nasen-Schutz trugen. Und aufgrund der hochsommerlichen Außentemperatur von 32 Grad Celsius entschied mein Kollege sich für das Tragen eines Mund-Nasen-Schutzes, sprich einer OP-Maske.

Als der Gruppenführer meinen Kollegen sah, rief er von der Zwischenetage mit ausgestrecktem Zeigefinger: »Du ziehst dir eine Maske an!«

Offen gestanden dachten wir beide, es wäre ein Scherz gewesen. Deshalb reagierte mein Kollege lediglich mit einem Lächeln.

Der Gruppenführer insistierte allerdings: »Du ziehst dir jetzt umgehend eine vernünftige Maske an!«

»Ich habe doch eine Maske an!«, erwiderte mein Kollege.

»Nein, eine FFP2-Maske!«, herrschte der Gruppenführer ihn erneut an.

»Okay, kann ich ja später machen, sobald wir Patientenkontakt haben, ich habe gerade keine zur Hand.«

Plötzlich fing der Gruppenführer an, richtig zu brüllen: »Du gehst jetzt gefälligst los und holst dir eine FFP2-Maske, hast du das verstanden?«

Mein Kollege begann zurückzuschreien: »Du gibst mir keine Befehle, ist das klar?!«

»Solange ich hier die Einsatzleitung habe, hast du zu tun, was ich dir sage, und jetzt gehst du eine FFP2-Maske holen!«

Völlig fassungslos stand ich mitten in diesem Wahnsinn und dachte mir: Das darf gerade nicht wahr sein! Ehrlich gesagt schämte ich mich dafür, wie wir – die Leute vom Rettungsdienst, man wird ja als Einheit betrachtet – uns hier aufführten, in Anwesenheit der Polizei, in einem hellhörigen Treppenhaus, während hinter der Tür eine hilflose Patientin lag.

Um eine weitere Konfrontation zu vermeiden, ging mein Kollege letztlich die Maske holen.

Unterwegs wurde er von einer der Polizistinnen abgefangen, die nur schockiert fragte: »Was ist denn mit dem los?«

Nachdem die Tür endlich geöffnet war und der Kollege von der Drehleiter wieder bei uns am Boden angekommen war, erzählte er uns noch, dass er das Geschrei bis hinauf in den dritten Stock hatte hören können – außerhalb des Gebäudes, wo er im Korb der Drehleiter stand. Somit musste die Patientin, die im Wohnungsflur lag, es definitiv auch gehört haben. Etwas Unseriöseres mag man sich kaum vorstellen.

Happy End à la Hollywood

Der Anblick medizinischer Handlungen in Filmen tut uns Rettungsdienstlern und ebenso den meisten anderen Kollegen, die in medizinischen Berufen tätig sind, oft in der Seele weh. Ein bekanntes Beispiel ist die »Wilsberg-Reanimation« aus der Serie *Wilsberg*. Hier wird eine Laienreanimation dargestellt, die den Leitlinien des European Resuscitation Council[5] nicht ansatzweise entspricht. In dieser Szene drücken zwei Helfer gleichzeitig auf die Brust des Patienten, ohne die korrekte Vorgehensweise zu beachten. Die Darstellung wird noch nicht einmal einer gekürzten oder beschleunigten leitliniengerechten Reanimation gerecht. Und ich bin hier nicht etwa kleinlich und bemängele, wie tief oder wie häufig der Brustkorb des Patienten bearbeitet wird. Solche Darstellungen prägen jedoch das Bild, das viele Menschen von Erste-Hilfe-Maßnahmen haben. Und obwohl das echte Leben nicht den Standards von Filmen folgt, beobachten wir immer wieder, dass Ersthelfer genauso vorgehen, wie sie es in Filmen sehen. Deshalb ergibt sich aufgrund dieser riesigen

---

5 Der European Resuscitation Council (ERC) ist eine gemeinnützige Organisation, die sich auf die Forschung und die Vermittlung von Skills im Bereich der Reanimation und Notfallmedizin in Europa konzentriert. Der ERC wurde ins Leben gerufen, um die Zusammenarbeit zwischen verschiedenen Organisationen, Fachleuten und Interessengruppen zu unterstützen, um die Qualität der Notfallversorgung in ganz Europa zu verbessern. Zu den Aktivitäten des ERC gehören die Entwicklung von Leitlinien, Schulungsprogrammen und Forschungsprojekten sowie die Förderung bewährter Praktiken in der Wiederbelebung und Notfallversorgung.

Reichweite aus meiner Sicht die Pflicht, Erste-Hilfe-Maßnahmen korrekt darzustellen.

Ein Klassiker, den jeder Kollege schon erlebt hat, ist das Übergießen bewusstloser Patienten mit Wasser.

Dies mag filmisch effektvoll sein, jedoch gibt es keine Evidenz dafür, dass es eine sinnvolle Maßnahme ist. Im Gegenteil, es könnte sogar schädlich sein. Durch den Tauchreflex, einen Schutzmechanismus, der bei allen lungenatmenden Lebewesen beobachtet werden kann, sobald sie unter Wasser tauchen, könnte die Atmung zum Stillstand gebracht werden. Bewusstlose Patienten mit normaler Atmung gehören in eine stabile Seitenlage und nicht »ertränkt«.

Ebenso findet in vielen Filmen etwas statt, das meines Erachtens zu einer Hollywood-Mentalität führt: Es gibt häufig nur binäre Lebenszustände. Tot oder lebendig. Und diejenigen Patienten, die einen Überlebenskampf führen müssen, damit der Film spannend bleibt, sind nach zwei Beatmungen oder einem kurzen Krankenhausaufenthalt wieder putzmunter.

Im echten Leben gibt es jedoch viele Zwischenzustände, mit denen das medizinische Personal täglich konfrontiert ist. Angehörige, die uns zu reanimationsbedürftigen Patienten rufen, kennen diese Zwischenzustände oft nicht.

Wenn wir fragen: »Welche lebenserhaltenden Maßnahmen sind denn gewünscht?«, hören wir meistens: »Es ist alles gewünscht.« Was das in einigen Fällen bedeutet, ist den Angehörigen nicht klar, weil sie in ihrem Hollywood-Wunschdenken gefangen sind.

Was »alles gewünscht« in der Medizin bedeutet, erkläre ich gerne so:

Stellen Sie sich vor, Ihr Sohn schießt mit einem Fußball gegen eine Fensterscheibe, die daraufhin zerspringt. Das ist ärgerlich, aber es ist einfach, die Fensterscheibe auszutauschen, auch wenn es ein paar Tage dauert. Dann kommt ein Sturm und deckt Ihr halbes Dach ab. Es regnet rein, viele lieb gewonnene Gegenstände auf dem Dachboden werden durch das Wasser zerstört. Aber nachdem das Dach notdürftig zugedeckt ist und Sie eine Firma beauftragt haben, ist alles nach ein paar Wochen wieder wie zuvor.

Was ist, wenn Ihr Haus lichterloh in Flammen aufgeht und bis auf die Grundmauern niederbrennt? Sie stehen vor einem Trümmerhaufen, der einmal Ihr Zuhause war, und man fragt Sie: »Was ist denn noch gewünscht?«

Sie antworten: »Alles.«

Für Sie bedeutet »alles«, dass es zwar Zeit brauchen wird, aber irgendwann werden Sie den Anruf bekommen, dass Ihr Haus fertig ist und Sie wieder in Ihr gewohntes Umfeld zurückziehen können.

Für die Handwerker bedeutet »alles gewünscht«, dass sie aus diesem Trümmerhaufen vier Wände hochziehen müssen. Jeder Handwerker weiß, dass das, was übrig geblieben ist, nicht ausreicht, um die ursprüngliche Raumaufteilung wiederherzustellen oder mehr als ein Erdgeschoss zu errichten. Sie werden Ihr Haus zurückbekommen, aber es wird nicht mehr dasselbe sein. Sie werden mit vielen Problemen zu kämpfen haben: Feuchtigkeit, Schimmel, Ungeziefer, Instabilität und das Dach ist nicht dicht. Jeden Monat müssen wieder und wieder die Handwerker kommen.

Und genau das bedeutet »alles gewünscht«.

In der Medizin gibt es kein Abreißen und Neubauen. Im echten Leben gibt es nicht immer ein Happy End.

Deshalb möchte ich dafür werben, dass Sie sich mit dem Thema »Patientenverfügung« auseinandersetzen und verstehen, was »alles gewünscht« wirklich bedeutet.

Ein Anästhesist auf einer Palliativstation sagte einmal zu mir, dass er Patienten und deren Angehörige wie folgt aufklärt, wenn sie sagen, es sei »alles gewünscht«: »Es bedeutet, dass Sie reanimiert werden, und wir Ihnen dabei mehrere Rippen brechen. Dabei kann es gegebenenfalls zu einer Rippenserienfraktur oder einem gebrochenen Brustbein kommen. Ihr Gehirn kann für mehrere Minuten nicht adäquat mit Sauerstoff versorgt sein, was dazu führen kann, dass Sie Körperteile nicht mehr richtig bewegen können, geschweige denn in der Lage sind, selbstständig Nahrung aufzunehmen. Auf der Intensivstation wird man Ihnen einen Luftröhrenschnitt setzen und Sie darüber künstlich beatmen. Die hohen Laufraten der Medikamente belasten Ihre Organe und so werden Sie vermutlich dialysepflichtig. ›Alles gewünscht‹ bedeutet also alles Mögliche, nur nicht unbedingt, dass wir uns je wieder normal unterhalten werden.«

Im Zweifel fürs Leben

Es gibt Menschen, die Angst davor haben, ihre Organe zu spenden, weil sie glauben, dass sie präklinisch eine andere Behandlung erfahren würden. Als ob wir Provision für erfolgreiche Organentnahmen bekommen würden und deshalb das Bestreben da sei, auf den Patienten keine Rücksicht mehr zu nehmen. Das ist völliger Quatsch. Für uns ist jede Reanimationssituation eine individuell auf den Patienten abgestimmte Entscheidung, bei der der mutmaßliche Wille maßgeblich ist. Je mehr Informationen zum Patienten vorhanden sind, desto besser können wir diesen Willen ableiten. Eine Patientenverfügung von vorgestern ist zum Beispiel ziemlich eindeutig. Eine Patientenverfügung von vor zehn Jahren eher weniger.

Das Sprechen mit den Angehörigen kann helfen, ist aber mit Vorsicht zu genießen. Schließlich passieren insbesondere bei Erbthemen die wildesten Geschichten.

Ein Bevollmächtigter wiederum kann schon eher dabei unterstützen, die Situation aufzulösen. Ist keinerlei Information vorhanden und es sind noch keine sicheren Todeszeichen vorhanden, gilt in der Regel: im Zweifel fürs Leben. Erfahrungsgemäß wird umso großzügiger »für« das Leben entschieden, je unerfahrener die Besatzungen sind.

Manch junger Notarzt reanimiert mitunter 98-jährige Patienten, die sich bereits jenseits dessen befinden, was man noch als lebenswert erachten würde.

Ich kann mich an einen Einsatz erinnern, bei dem wir zu einer bewusstlosen Person gerufen wurden. Der Patient war 98 Jahre alt und reanimationspflichtig. Wir trafen zehn Minuten nach dem Notruf ein, noch vor dem Notarztteam, und stellten fest, dass bis dahin keine Laienreanimation stattgefunden hatte. Das bedeutet: Es hatte eine geraume Zeit lang kein Blut- und kein Nährstofftransport durch das Gehirn oder den Rest des Körpers stattgefunden. Denn die Ehefrau, im selben Alter, war allein mit ihrem Ehemann zu Hause und völlig hilflos in dieser Situation.

»Er hat auch Krebs im Endstadium«, sagte sie uns, während sie uns zu ihrem Mann führte.

Vor uns lag ein aschfahler Patient, und für meinen Kollegen und mich war klar: Wir machen hier gar nichts mehr, außer einen friedvollen und erlösenden Abschied zu begleiten. Umso verwunderter waren wir, als der frisch in die Rotation gekommene Notarzt sagte: »Ähm, okay, ja ich rede mal mit der Frau und ihr macht mal alles in der Zeit.«

Wir schauten uns stirnrunzelnd an.

»Also, alles im Sinne von: ALLES?«, fragte mein Kollege sicherheitshalber nach.

»Ja, Zugang, Adrenalin, alles. Ich kläre in der Zeit, was noch gewünscht ist.«

Zögerlich begannen wir mit unseren Maßnahmen, und ich erinnere mich, wie mein Kollege bei der Herzdruckmassage sagte: »Ganz ehrlich, was machen wir hier?«

Der Fahrer des Notarztwagens, ebenfalls ein Notfallsanitäter, zog unterdessen das Adrenalin auf.

Die Reanimationsleitlinien sehen regelmäßige Adrenalingaben vor, und aus meiner ganz persönlichen Erfahrung heraus, ohne dass ich diese durch Zahlen belegen könnte, ist es so, dass man mit dem Adrenalin relativ schnell die Wiederkehr eines Spontankreislaufs erreicht. Das Adrenalin hat eine Halbwertszeit im Körper von zwei bis drei Minuten und nicht selten bricht mit dem Nachlassen der Wirkung auch der Kreislauf wieder zusammen. Deshalb gibt man das Adrenalin in Abständen von drei bis fünf Minuten.

Es kam jedenfalls, wie es kommen musste: Bei einer Rhythmuskontrolle stellten wir fest, dass der Patient wieder einen Spontankreislauf hatte. Das hat, wie gesagt, aber erst einmal nicht viel zu bedeuten. Daraus lässt sich nicht ableiten, wie der neurologische Status des Patienten sein wird, und es bringt nicht selten Patienten mit Spontankreislauf auf die Intensivstation oder in einen Schockraum, wo dann so schlechte Blutgase gemessen werden, dass der Patient kurz nach unserer Abfahrt für tot erklärt wird.

Wir begannen nun also den Algorithmus »Wiederkehr eines Spontankreislaufs« abzuarbeiten, als der Notarzt zur Tür hereinkam und meinte: »Okay, ihr könnt aufhören, ich habe mit der Angehörigen gesprochen und ihr gesagt, dass ihr Mann verstorben ist.«

Uns allen im Raum fiel die Kinnlade herunter.

»Das ist jetzt doof, weil wir wieder einen Kreislauf haben«, sagte mein Kollege zum Notarzt.

Dieser war sichtlich irritiert, schaute auf das EKG, fühlte den Puls und bemerkte, er müsste noch mal mit der Angehörigen sprechen und ihr jetzt mitteilen, dass wir doch auf eine Intensivstation fahren würden.

Der Notarzt ging also wieder raus, um der Angehörigen zu erklären, dass ihr Mann doch nicht tot ist.

Nach zwei Minuten kam allerdings, was zu erwarten gewesen war: Der Patient war wieder reanimationspflichtig. Wir begannen also wieder zu drücken, und der Kollege aus dem Notarztteam zog die nächste Dosis Adrenalin auf, als der Notarzt erneut dazukam.

»Okay, also ich würde dann jetzt eine Intensivstation …« Er brach ab, als er uns reanimieren sah. »Nein, ich kann jetzt nicht noch mal rausgehen. Ich rufe jetzt auf einer Intensivstation an und melde ihn an!«, sagte der Arzt.

Wie so häufig war es knapp mit Intensivbetten in der Stadt, und als der erste Oberarzt in der Leitung die Eingangskriterien hörte, 98 Jahre alt, keine Laienreanimation, eine Krebserkrankung im Endstadium, laufende Reanimation, sagte er, dass sein letztes Intensivbett nicht mit diesem Patienten belegt werden könne. Die alternativen Krankenhäuser äußerten eine ähnliche Meinung, weshalb der Notarzt sagte: »Nun, dann stellt die Maßnahmen jetzt ein, ich gehe ein letztes Mal mit der Angehörigen sprechen.«

Es gibt in den europäischen und amerikanischen Leitlinien eine entscheidende Abweichung bei der Analyse des Herzrhythmus: Die amerikanischen Leitlinien erlauben eine sofortige Unterbrechung der Reanimation, wenn festgestellt wird, dass der

CO_2-Partialdruck[6] ansteigt, weil dies für einen Spontankreislauf spricht. Kurz zum Verständnis: Zellen verbrauchen CO_2. Anhand des CO_2-Wertes in der Atemluft kann man messen, ob die Zellen arbeiten. Sobald der Patient wieder einen Kreislauf hat, ist auf dem Patientenmonitor ein Anstieg des CO_2-Anteils erkennbar. In diesem Fall erlauben die amerikanischen Leitlinien, die Reanimation direkt zu unterbrechen. Die europäischen Leitlinien hingegen bestehen darauf, dass der Herzrhythmus in festgelegten, regelmäßigen Zeitfenstern erfolgt und erst anschließend der Kreislauf wieder analysiert wird.

Da wir auf unserem Monitor sahen, dass der Patient wieder einen Rhythmus im Puls hatte, hörten wir sozusagen nach amerikanischem Prinzip, und weil wir dieses Muster nun bereits mehrfach beobachtet hatten, »verfrüht« mit der Reanimation auf. Der Patient hatte wieder einen Spontankreislauf. Während der Arzt jetzt der Frau erklärte, dass der Ehemann nun nicht auf die Intensivstation käme, sondern doch verstorben war, stellten wir wieder das genaue Gegenteil fest.

Der Fahrer des Notarztes verließ den Raum, um den Arzt zurückzuholen, und diesem war nun sichtlich die Verzweiflung anzusehen.

Ein Musterbeispiel für einen absolut fehlgeführten Einsatz. »Ähm, okay, nein, dann machen wir jetzt gar nichts mehr. Kannst du mir Morphium aufziehen?«, fragte er seinen Fahrer, der ihm das Medikament fertig machte.

---

6 Der Kohlendioxidpartialdruck (pCO_2) im Blut ist eine Labormessgröße, die die Menge des im arteriellen Blut gelösten Kohlendioxids widerspiegelt. Da beim Atmen Kohlendioxid ausgestoßen wird, ist der pCO_2-Wert eine wichtige Kenngröße für die Lungenfunktion.

Morphium hat nicht nur eine schmerzstillende Eigenschaft, sondern führt auch dazu, dass die Frequenz und Tiefe der Atmung abnehmen. Im Rahmen einer Überdosis kann es somit zum Tod durch Sauerstoffmangel kommen. Ich will darauf nicht näher eingehen, aber rein formal war das Sterbehilfe. Ob es nun am Morphium oder dem an Wirkung verlierenden Adrenalin lag, lasse ich mal dahingestellt.

Jedenfalls starrten wir nun alle im Kreis um den Patienten auf den Monitor und beobachteten, wie die elektrische Aktivität des Herzens immer weiter abnahm, ehe sie in eine Nulllinie überging.

Ich sage es, wie es ist, ein erfahrener Notarzt hätte die Reanimationsmaßnahmen gar nicht erst beginnen lassen und vor allem nicht in diesem Umfang. Ich denke, das wäre für alle Beteiligten am ehesten »im Sinne« des Patienten gewesen. Es zeigt aber auch mal wieder, dass der Verlauf von Einsätzen in der Präklinik noch zu sehr individuell von den Besatzungen abhängig ist. Eine Patientenverfügung hätte dem Patienten dieses Hin und Her gegebenenfalls ersparen können.

»Alles gewünscht«

Ebenso keine Patientenverfügung hatte ein anderer Patient, zu dem wir unter dem Evergreen-Meldebild *Allgemeinzustand Verschlechterung* alarmiert wurden. Es ging in ein Altenheim und dort in die zweite Etage. Ich kann mich noch gut daran erinnern, dass wir unser Equipment auf die Trage gepackt hatten und ich die Trage hinter mir herzog, während mein Kollege hinter der Trage und mir herging. Die Pflegerin wartete auf dem Flur vor der Tür und zeigte ins Zimmer.

Ich ging hinein, schaute nach rechts, wo das Bett stand, und sah den Patienten. Diesen ersten Anblick werde ich nie mehr vergessen. Das Gesicht des Patienten bestand aus einem Kopf und zwei Augen, aber es gab keinen Mund. Stattdessen war zwischen Kehlkopf und der Stelle, wo man einen Mund vermuten würde, einfach nur ein Loch. Es ist sehr schwierig zu beschreiben, wenn man es nicht gesehen hat. Vielleicht hilft eine Beschreibung dessen, was passiert war: Der Patient hatte keine Patientenverfügung oder dergleichen. Er war durch einen Schlaganfall ein Pflegefall geworden und musste künstlich ernährt werden. Irgendwann kam eine Krebserkrankung hinzu, aufgrund derer ihm der Unterkiefer und der Kehlkopf entnommen werden mussten. Der Patient würde auf ewig durch ein Tracheostoma, also ein Loch in der Luftröhre, atmen müssen.

Durch eine Operation sollte im Ansatz wieder etwas hergestellt werden, das einem Gesicht ähnelt. Dafür wurde das Gesicht zusammengenäht und das Loch in der Luftröhre auf Höhe des Unterkiefers gebracht, um den optischen Eindruck eines Mundes zu erzeugen. Dies war nicht mal im Ansatz gelungen. Hier war jetzt also ein Mann von 70 Jahren, der keine Angehörigen hatte, die ihn besuchen wollten, und der die restlichen Jahre seines Lebens einfach nur in einem Bett in einem Altenheim liegen würde. Künstlich ernährt, künstlicher Darmausgang, Blasenkatheter, nicht in der Lage, sich zu bewegen, und vollkommen austherapiert.

Ich weiß noch, wie mein Kollege zur Tür hereinkam, kurz stockte und offensichtlich genau das Gleiche dachte wie ich: Ist das die moderne Medizin?

Angerufen wurden wir, weil der Patient wohl einen Harnwegsinfekt hatte, was am Geruch unschwer zu erkennen war.

Mein Kollege fragte: »Gibt es eine Patientenverfügung?«
Die Pflegerin verneinte dies.

Die Angehörigen wollten nichts mehr von ihm wissen, und da er eben keine Patientenverfügung hatte, machte man einfach weiter. Obwohl er in diesem Zustand war und obwohl, behaupte ich, auch wenn es grausam klingt, weder Geist noch Fleisch wirklich viel mit dem Mann zu tun hatten, der er einst gewesen war. Hier hielt die Medizin mit aller Gewalt am Leben, was die Natur längst aufgegeben hätte.

Ich lasse mich bei fast allen Fragen auf Diskussionen ein, aber was mir jemand nicht erzählen kann, ist: Hätte man diesem Mann, als er noch gesund war, ein Bild von seinem jetzigen Zustand gezeigt, hätte er da wohl gesagt: »Nein, ich mache keine Patientenverfügung. Ich lebe lieber auf diese Weise als gar nicht.« Ich glaube kaum.

Geradezu sprachlos betteten wir den Patienten auf unsere Trage um und brachten ihn in die Notaufnahme. Dort übergaben wir ihn, und auch hier fragten sich alle Beteiligten, was mit diesem armen Mann getrieben wurde?! Wir hielten ihn einfach nur am Leben. Aber was für ein Leben war das?

So, wie es eine Pflicht geben sollte, sich als Organspender zu melden, so würde ich mir eine Pflicht wünschen, eine Patientenverfügung zu hinterlegen. Doch dazu müsste erst mal mehr Klartext mit den Menschen gesprochen werden, damit sie nicht mehr länger »Hollywood-Szenarien« vor Augen haben. Aber ein realistischer Film wäre in diesem Fall vielleicht keiner, den man sich gern anschauen würde, oder?

Ein weiteres Problem ist, dass wir diese Geschichten aus unserer Gesellschaft gänzlich verdrängen. Es ist kein leichtes Thema und sicherlich auch eines, das ethisch und individuell betrachtet werden muss.

Natürlich kann es den Angehörigen trotzdem Kraft geben, wenn sie ihren Lieben pflegen dürfen, obwohl er nicht mehr der Gleiche ist. Angehörigenwunsch ist zwar nicht gleich Patientenwunsch, aber diese vielen Möglichkeiten und Abwägungen, die es gibt, sind sicherlich Dinge, die es irgendwann mal im Familienkreise zu besprechen gilt. Ich möchte Sie zumindest dazu motivieren.

Haben Sie schon einen Notfallpass?

Wie Sie sehen, bedeutet eine Gesundheitsvorsorge in Ihrem Sinne auch, dass wir Rettungskräfte Zugang zu notwendigen Informationen haben. Etwas, wofür ich also gerne werben möchte, ist, Notfallinformationen bereitzustellen.

Ich möchte hierbei für kein bestimmtes Produkt werben, denn es gibt wirklich eine Vielzahl auf dem Markt und jedes bietet eigene Vor- und Nachteile. Da ich der Gen Z angehöre, schaue ich gerne nach Notfallpässen auf Mobiltelefonen. Wiederum andere Kollegen legen hierauf vielleicht keinen Wert oder finden sich mit der Bedienung nicht zurecht.

Aktuell stellt es noch ein Problem dar, dass vieles auf den Markt geworfen wird, aber keiner sich dazu berufen fühlt, uns Rettungskräfte über diese Gadgets zu informieren. Mir ist bisher auch nur ein Hersteller bekannt, der sich die Mühe gemacht hat, auf eine Integration in unsere mobile Datenerfassung zu achten. Hierbei ist es möglich, einen QR-Code zu scannen und die hinterlegten Notfallinformationen direkt in unsere Einsatzdokumentation zu spielen.

Da dies derzeit aber noch nicht die Regel bildet, wären wir aktuell wohl weiterhin am besten mit der guten alten Patientenakte in Papierform bedient. Natürlich schleppt die niemand mit zum Einkaufen, aber die meisten Unfälle passieren ja sowieso, wie wir alle wissen, daheim.

Unfallort hin oder her. Ich möchte Ihnen in diesem Kapitel vor allem einige Beispiele aufzeigen, die deutlich machen, inwiefern Notfallinformationen wirklich einen Unterschied bedeuten können.

Digitale Notfallpässe – kleine Retter in der Not

Ein Klassiker sind Einsätze vor Diskotheken und Clubs. Ich kann mich an eine Erstsemesterparty erinnern, auf der wir als Sanitätsdienst eingesetzt waren. Wir wurden zum Eingangsbereich gerufen, wo eine Hyperventilation gemeldet war. Ein betrunkenes Mädchen lag dort hyperventilierend, und es war nicht möglich, ein Gespräch aufzubauen. Das Einzige, was wir aus ihr herausbekommen konnten, war, dass ihr Freund ebenfalls auf der Party sein musste. Aber wie findet man ihn in diesem Getümmel?

Ich fragte sie deshalb, ob ich an ihr Handy dürfe, und weil ich das gleiche Mobiltelefon hatte, wusste ich, wie man auf den Notfallpass zugreift. Dort war der Kontakt als »Schatzibubu« hinterlegt und wir konnten den Freund anrufen. Dieser war auch innerhalb von fünf Minuten bei uns und konnte sie in seine Obhut nehmen.

Ein kleiner Tipp noch für Partygänger oder deren Eltern: vor dem Losgehen das Handy laden. Meist wird das nämlich vergessen, und so erreichen wir dann wegen eines leeren Akkus niemanden. Ladekabel haben wir nämlich leider keine in unserem Notfallkoffer.

Schnell, einfach, sicher

In einem anderen Fall wurden wir zu einer gestürzten Person alarmiert. Schüler hatten angerufen, weil vor ihren Augen ein älterer Herr hingefallen war. Bei unserem Eintreffen stand der Mann schon wieder auf zwei Beinen, allerdings hatte er eine offensichtliche Kopfplatzwunde. Uns fiel direkt auf, dass er sehr verwirrt war. Er konnte uns nicht sagen, wo er wohnte, wo er herkam oder wo er hinwollte. Das Einzige, was wir über ihn in Erfahrung bringen konnten, war sein Name.

Nun begannen wir, zu rätseln, was wir genau mit ihm machen sollten, denn alles, was wir bisher von ihm wussten – außer seinem Namen –, war, dass er auf den Kopf gestürzt war und ein neurologisches Defizit hatte. Aber woran konnte das liegen? Schweres Schädel-Hirn-Trauma? Oder war dem Sturz vielleicht ein Schlaganfall vorausgegangen?

Es galt für uns abzuwägen, ob wir ihn in das nächste Krankenhaus oder direkt zu einem Maximalversorger mit einer Neurologie bringen würden.

Wir fragten den Patienten nach einem Ausweis, aber er hatte keinen dabei. Stattdessen fiel uns sein Mobiltelefon in die Hände, und ich dachte mir, ich könnte es ja einfach mal mit dem Notfallpass probieren. Und tatsächlich! In dem ausgefüllten Notfallpass fanden wir die Kontaktdaten des Pflegeheims, in dem er wohnte. So erfuhren wir, dass er ein abgängiger Demenzpatient war und bei seinem kleinen Ausflug offenbar die örtliche Orientierung verloren hatte.

Auch die Telefonnummer der Tochter war im Notfallpass hinterlegt. Wir riefen sie an und sie machte sich auf den Weg ins Krankenhaus. Bereits bei unserem Eintreffen war sie vor Ort. Optimal gelaufen, dank Notfallinformationen.

Glück im Unglück

Weniger optimal, trotz Notfallarmband, lief es in einem letzten Fallbeispiel, das ich hierzu erzählen möchte.

Wir wurden zu einem Krampfanfall in eine Apotheke gerufen. Die Apotheke befand sich im Erdgeschoss eines Ärztezentrums, weshalb andere anwesende Kunden, die den Vorfall beobachtet hatten, bis zu unserem Eintreffen bereits in eine der darübergelegenen Praxen gelaufen waren und einen Arzt hinzugeholt hatten. Der Arzt war jedoch nicht mit Notfallmedizin vertraut und informierte uns lediglich darüber, dass die Patientin immer noch krampfte. Das war ungewöhnlich. In der Regel sind die Patienten bei unserem Eintreffen schon in der Nachschlafphase.

Da er keine ausführliche Übergabe machte, sprich uns nicht erklärte, was bisher bereits an Beobachtung und Behandlung seinerseits gelaufen war, blieb mir zunächst nichts anderes übrig, als zuzusehen, wie er der Patientin ein krampflösendes Medikament applizierte.

Während ich den Krampfanfall und die Situation beobachtete, erinnerte ich mich an die bereits angesprochene Fortbildung des Neurologen zur Unterscheidung von verschiedenen Krampfarten. Das Medikament zeigte keine Wirkung, und so wollte der Notarzt, der mit uns zusammen alarmiert worden war und nun in die Situation eingriff, ein noch stärkeres Medikament aufziehen lassen, was die Patientin mit Sicherheit auf eine Intensivstation gebracht hätte. Denn das Medikament wäre für einen epileptischen Anfall, den man nicht durchbrechen kann, die richtige Wahl gewesen, allerdings ging ich bei ihr nicht von einem epileptischer Anfall aus.

Auf mich wirkte die Situation nicht wie ein generalisierter tonisch-klonischer Krampfanfall[7], sondern eher wie ein psychogener Krampfanfall. Einen psychogenen Krampfanfall erleiden Menschen, die schwer traumatische Ereignisse erleben mussten. Durch einen Trigger ausgelöst, kann es zu so einem Krampfgeschehen kommen. Dieses kann man nicht durch antiepileptische Medikamente durchbrechen, weil der Krampf psychiatrischer Natur ist. Es gibt Patienten, die führen zum Beispiel Ammoniak mit sich, weil dieser stark beißende Geruch sie aus dem Krampfzustand holt.

Natürlich kann man einfach so viele Benzodiazepine geben, bis der Patient »schläft«, aber geholfen ist ihm damit nicht.

Auch durch medizinisches Fachpersonal wird dieser Krampfanfall häufig falsch gedeutet und damit falsch therapiert.

Ich warf deshalb in den Raum: »Sind wir uns denn sicher, dass es sich nicht um einen psychogenen Krampfanfall handelt?«

Der Notarzt stockte: »Na ja, wir haben die Therapie ja jetzt begonnen …«, sagte er. Dann schaute er auf den Patientenmonitor und sah die hervorragende Sauerstoffsättigung. »Okay, lass uns doch erst einmal warten.«

Mein Kollege wurde schließlich auf ein Notfallarmband am Handgelenk der Patientin aufmerksam, das auf der Rückseite einen QR-Code beherbergte. Diesen scannte er, und wir erfuhren, dass die Patientin an dissoziativen Krampfanfällen litt. Eine Nummer der Betreuerin war auch hinterlegt.

---

7 Bei einem tonisch-klonischen Anfall spannen sich zunächst alle Muskeln im Körper extrem an, der Körper wird steif. Anschließend verliert der Betroffene das Bewusstsein und es folgt die klonische Phase, in der sich die Muskeln abwechselnd an- und entspannen, was zu krampfartigen Zuckungen führt.

Nun war die Patientin durch den ersteintreffenden Arzt »vorsediert«. Somit konnten wir die Patientin nicht in eine Psychiatrie bringen, wo sie theoretisch besser aufgehoben gewesen wäre, sondern mussten sie in die nächste zuständige Notaufnahme transportieren.

Hätte einer von uns dieses Armband früher bemerkt, wäre die Behandlung für die Patientin viel besser verlaufen. Auch das zeigt, dass das ganze Thema Notfallpass in den meisten Köpfen noch viel zu wenig präsent ist.

Was bleibt am Ende des Lebens?

Am Ende ihrer beruflichen Laufbahn streifen viele Kollegen die Uniform ab, wie sonst nach einer langen Schicht, und sehen im Spiegel ein Abbild der Patienten, die sie zuvor behandelt haben. Die Knochen sind kaputt, die Seele ist betrübt.

Was bleibt nach vielen Jahren in einem Job wie diesem?

Der Rettungsdienst wird einen Menschen unweigerlich verändern, und jedem Kollegen, der diese Zeilen liest, kann ich deshalb nur raten, bei sich auf Veränderungen zu achten und im Fall der Fälle Gegenmaßnahmen zu ergreifen.

Meine Gegenmaßnahme war der Wechsel des Einsatzgebietes, der auch mit einem Arbeitgeberwechsel einherging. Ich bin in ein wesentlich ruhigeres Einsatzgebiet mit wesentlich höheren Quadratmeterpreisen gewechselt. Hier machen uns höchstens die Hausärzte das Leben schwer, weil jeder Privatpatient direkt das Komplettprogramm bekommt. Aber das ist okay. Die Hintergrundgeräusche eines Arbeitsalltags sind hier nur die Diskussionen darüber, wer denn das Laub auf dem Parkplatz vergessen hat. Und auch das ist okay.

Wenn ich dann und wann über Funk die alte Funkkennung höre, unter der ich in der Vergangenheit unterwegs war, und mitbekomme, was in meinem alten Wachgebiet wieder los ist, bin ich wirklich froh, dass diese Zeit hinter mir liegt, und schicke gedanklich Kraft an die Kollegen.

Manchmal verirre ich mich noch in eine Notaufnahme, die wir von Harlem aus regelmäßig anfuhren, und treffe dort auf viele neue Gesichter. Doch vereinzelt sind auch ein paar vertraute dabei, in denen Harlem seine Spuren hinterlassen hat. Kurz nachdem die Kollegen von der Notaufnahme wegfahren, höre ich schon, wie sie angefunkt werden und den nächsten Einsatz bekommen. Harlem kennt keine Pause.

Im Rettungsdienst zeigt sich, was in unserer Gesellschaft schiefläuft, und wer sich das auch nach diesen offenen und ehrlichen Einblicken nicht vorstellen kann, ist immer herzlich eingeladen, sich im Rahmen eines Freiwilligen Sozialen Jahres oder einer Umschulung die Tiefen und Abgründe unserer Gesellschaft näher anzuschauen.

Ich würde mir wünschen, dass wir als Gesellschaft einen größeren Fokus auf die sozialen Herausforderungen legen. Insbesondere seit der Coronapandemie habe ich den Eindruck, dass wir zwar viele monetäre Hilfen an Personenkreise ausschütten, aber etwas Zentrales zu kurz kommt: die Hilfe von Mensch zu Mensch.

Ich denke, in sehr vielen Fällen würde eine regelmäßige, proaktive und großzügige Betreuung durch entsprechende soziale oder medizinische Fachkräfte eine deutliche Besserung der Situation mit sich bringen. Personen, die in ein gewisses Raster fallen, die beispielsweise in Vereinsamung und Verwahrlosung leben, könnte man über eine Kampagne mithilfe eines Flyers ansprechen: »Hey Sie, dürfen wir mal vorbeischauen?«

Um solche Projekte umzusetzen, braucht es Gelder, mit denen Menschen bezahlt werden können, die genau so einen Job ausüben sollen und wollen. Und in erster Instanz braucht es natürlich Leute, die im Rahmen eines Pflicht- oder freiwilligen Jahres einer solchen Tätigkeit nachgehen. Alles mit dem Ziel: den Menschen, die wir zurückgelassen haben, wieder auf die Beine zu helfen. Sie wieder an unsere Gesellschaft anzukoppeln.

Ich bin der festen Überzeugung, dass unsere Gesellschaft das ganz dringend braucht, und habe es persönlich nie bereut, mit Menschen zu arbeiten. Ja, es ist nicht immer leicht, aber welcher Beruf ist das schon?

Ich ziehe jedenfalls meinen Hut vor allen Personen, die in sozialen Berufen tätig sind und vorhaben, dies auch noch die nächsten Jahre zu sein. Sollten Sie ein Kind haben und es kommt nach dem Abi die Frage »Ausbildung oder Studium?« auf, dann schlagen Sie doch gerne erst einmal ein FSJ vor. Unsere Gesellschaft braucht das.

Danksagung

Ich danke meiner Familie für ihre Unterstützung in den vergangenen und kommenden Jahren.

Ich danke meinem besten Freund und Kollegen Sascha, mit dem ich einen Großteil dieser Einsätze, auch privat, bewältigt habe.

Ebenso danken möchte ich Phillipp (@berliner.retterherz), Adrian (@adrianovic_k) und Marco für ihre Unterstützung und die Erfahrungen, die zur Authentizität des Inhalts beigetragen haben.

Auch Herrn Prof. Dr. Peter Neudeck danke ich für seine Zeit und Mühe sowie Fachexpertise.

Das Beste kommt zum Schluss und so möchte ich meiner Co-Autorin Saskia Hirschberg für die sehr komplikationslose und produktive Zusammenarbeit danken!

Hilfsangebote und Anlaufstellen

Den Kontakt des für Sie zuständigen **Sozialpsychiatrischen Diensts** finden Sie auf der Webseite Ihrer Stadt.

Psychosoziale Kontakt- und Beratungsstelle des Deutschen Roten Kreuz: www.drk.de/hilfe-in-deutschland/behindertenhilfe/psychosoziale-kontakte/

Bundesverband der Angehörigen psychisch erkrankter Menschen e.V.: www.bapk.de

Einen **Therapieplatz** finden Sie über Ihre **Krankenversicherung,** über die **Kassenärztliche Vereinigung** (www.kbv.de) oder die **Psychotherapeutenkammer** (www.bptk.de).

Kurzfristige Hilfe und Unterstützung in schwierigen Lebenslagen liefert die nicht religiös geprägte **Telefonseelsorge:**

0800 1110111 / www.telefonseelsorge.de

Unsere Leseempfehlung

288 Seiten
Auch als E-Book erhältlich

Vorhang auf für 97-Stunden-Wochen und einen Tsunami an Körperflüssigkeiten. Entscheidungen auf Leben und Tod am laufenden Band und ein Gehalt, gegen das jede Parkuhr zu den Besserverdienern gehört. Auf Nimmerwiedersehen, Freunde und Familie ... herzlich willkommen im Leben eines Assistenzarztes! Adam Kay, gefeierter englischer Comedian, gehörte viele Jahre dazu. Nach schlaflosen Nächten und durchgearbeiteten Wochenenden mobilisierte er seine letzten Kräfte, um seine Erlebnisse aus dem Alltag eines Krankenhauses aufzuschreiben. Saukomisch, erschreckend und herzerweichend zugleich.

goldmann-verlag.de

Unser Gesundheitssystem ist krank – hier kommt die Medizin!

Der Patientenkompass für digitale Patientenakte, Health Apps und Co.

Das deutsche Gesundheitssystem steht kurz vor dem Kollaps. An allen Ecken und Enden bröckelt es, Krankenhäuser und Personal sind überlastet, die Digitalisierung ist beim Faxen stehengeblieben. Wenn es so weiter geht, wird gesund werden und bleiben zum Glücksspiel.

Dr. med. Sven Jungmann ist mehrfach ausgezeichneter Arzt und Start-Up-Gründer. Er hat in deutschen Krankenhäusern und für die Fallschirmjäger gearbeitet. Durch seinen einzigartigen Blick auf die Medizin durch die Brille eines Tech-Gründers erkennt er Chancen ebenso wie Risiken und vor allem: Auswege.

mosaik
www.mosaik-verlag.de

224 Seiten
978-3-442-39424-1
Auch als E-Book erhältlich

Quellenangaben

Zusammenhang von sozialem Status bei Geburt und Psychosen (S.45):

https://journals.sagepub.com/doi/abs/10.1177/0020764014524737

Rückfallquote bei Alkoholabhängigkeit (S.130):

https://www.springermedizin.de/wichtige-ergaenzung-zur-rezidivprophylaxe-und-trinkmengenredukti/9331228